D1931565

Für Frau Dorothea Reichard
Herzliche Segenswünsche
zum Geburtstag von
Rita Maria Bucher[illegible]

20.7.1992

So heilt die Seele den Körper

Roswitha Stemmer / Heidrun Steuernagel

So heilt die Seele den Körper

Mit einem Vorwort von Dr. Ulrich Beer

Weltbild Verlag

Genehmigte Lizenzausgabe für
Weltbild Verlag GmbH, Augsburg 1992

Umschlaggestaltung: Franz Wöllzenmüller
Titelillustration: Bildagentur Mauritius, Foto: Market
Lektorat: Hans Freundl

Gesamtherstellung: Ebner Ulm
Printed in Germany
ISBN 3-89350-292-0

Inhalt

Vorwort

Gesundheitsreform ist mehrfach in diesem Jahrhundert das Stichwort, ja ein Reizwort geworden. Zwar ist alle paar Jahrzehnte das Versicherungswesen geändert worden, sind Leistungen erhöht oder noch häufiger gekürzt, Schwerpunkte verändert, Gelder neu verteilt worden – die eigentliche Gesundheitsreform aber steht noch aus. Wir schieben sie vor uns her, weil sie uns selbst betrifft. Ihr Kern läßt sich so formulieren: Die beste Versicherung ist unsere eigene Lebensführung – der erste Arzt ist der Patient beziehungsweise der gesunde Mensch selbst – die Gesundheit des Körpers wurzelt zutiefst in der Seele, in geistigen und seelischen Einstellungen und Grundhaltungen – wenn unsere Gesundheit besser werden soll, müssen wir selbst uns bessern, unser Leben ändern.

Um diese grundlegende Reform geht es in dem vorliegenden Buch. Dies klingt schlimmer und beängstigender, als es ist. Es verlangt keine blutigen Schnitte und schmerzhaften Operationen, aber doch einige neue Einstellungen, ein neues

Denken. Aber dies wird dem Leser leicht gemacht durch eingängige Situationen und Fallbeispiele, durch Erfahrungen, zu denen er selbst Zugang hat.

Da wird unser Streß als Krankheitsursache erkannt und gezeigt, wie wir ihn überwinden können. Da werden Vorgesetztenverhältnisse als kausal für Magengeschwüre entlarvt, die Haut als »Liebesthermometer« durchsichtig gemacht, der Bauch als Kummergruft erkennbar, das Herz als Routineautomat und Ehrgeizträger und vor allem der Patient als der erste und wichtigste Arzt verantwortlich erklärt.

Zusammenhänge werden dargestellt, die uns oft frappieren, die aber jedem Leser einleuchten werden und die von der Wissenschaft vielfältig erhärtet sind. Sie werden aber nicht wissenschaftlich-trocken, unverständlich und entmutigend dargestellt, sondern zupackend, frisch und so, daß sie zu einem eigenen neuen Verhalten Mut machen. Nach dem Einzelbeispiel und der Ableitung des psychosomatischen Zusammenhanges werden immer klare Ratschläge und Rezepte erteilt.

So erweist sich dies Buch als zuverlässiger Helfer und Begleiter durch den gesundheitlichen Lebensalltag. Es vermittelt leicht und eingängig die Wege, die uns über veränderte seelische Einstellungen und ein neues Verhalten auch zu einer besseren Gesundheit führen.

Daß dies möglich ist, ja daß die Erfolge bald eintreten werden, wird sich der Leser am besten selbst beweisen. Tonnen von Arzneimitteln, Millionen Stunden voller Angst und Schmerzen könnte unser Gesundheitswesen den Menschen ersparen, wenn die selbstverständlichsten psychosomatischen Erkenntnisse Platz griffen und wenn es gelänge, die Einsichten zu vermitteln, die diesem Buch zugrundeliegen, und das Verhalten herbeizuführen, das es erreichen möchte. Möge es dem Buch gelingen!

Ulrich Beer

Einführung
Jeder Patient ist sein eigener Arzt

Der Patient ist ein kranker Mensch. Ein kranker Mensch hat Schmerzen, irgendwo drückt und piekst es ihn, kurz, er fühlt sich unwohl und er braucht Hilfe.

Also geht er zu seinem Arzt. Und das ist gut so. Denn ein Arzt ist ausgebildet, er ist sozusagen der Fachmann in Sachen Krankheit oder besser Gesundheit, und ihm kann er vertrauen.

Also geht er zu seinem Arzt, und er wird seine Heilungsvorschläge akzeptieren, die Medikamente, die er verschreibt, wird er schlucken, danach wird er wieder gesund. Das ist doch klar!

Kürzlich war unser Patient wirklich krank: geschwollener Hals, Triefaugen, Schnupfnase, Fieber... kurz und gut, eine ordentliche Erkältung, kein Bein wollte er aus dem Bett rühren, aber, da er morgen einen wichtigen Termin hatte und er fit sein sollte, ist er zum Arzt gegangen in der Hoffnung, daß dieser ihn schnell kuriert. Doch, was hat der Arzt ihm verschrieben? Keine Medikamente, sondern Großmutters Rezepte: Milch und Honig, Bettruhe, einen heißen Wickel auf die Brust. Kamillendampf und Tee mit Zitrone. Darüber war unser Patient alles andere als erfreut, denn eine schnelle Erleichterung bringt diese Rezeptur nicht, und das müßte man doch eigentlich erwarten können, oder?

Der Arzt rät zu einer Therapie ohne Medikamente und will dem Körper die Chance geben, selbst mit der Krankheit fertig zu werden, seine Abwehrkräfte zu stärken, seine eigenen Kräfte und Fähigkeiten zur Selbstheilung zu aktivieren.

Können Sie sich noch an die schwer krebskranke, todgeweihte Marathonläuferin aus New York erinnern? Die Ärzte hatten sie aufgegeben, sie aber setzte sich zum Ziel, beim New Yorker Marathon mitzulaufen, und sie begann ihren Körper zu trainieren. Unter Aufbietung aller Kräfte, die ihr noch zur Verfügung standen, hat sie ihr selbst gesetztes Ziel erreicht und den Lauf gewonnen. Sie hat ihren Willen und ihre ganze Hoffnung eingesetzt, sie hat nicht aufgegeben, sich nicht fallen lassen, sondern hat sich in äußerster Not selbst geholfen. Dies ist sicher ein Einzelbeispiel, aber gibt Ihnen das nicht auch zu denken?

Wir wollen die Kunst der Ärzte nicht schmälern. Sie sind verantwortungsbewußt, haben sich lange mit dem Thema Gesundheit und Krankheit beschäftigt, Erfahrungen gesammelt und sind in den meisten Situationen unser einziger Helfer. Wir dürfen aber auch nicht vergessen, daß wir in unserem Körper, wenn wir ihm nachspüren, eine große intuitive Kraft zur Heilung haben.

Diese Kraft zur Selbstheilung ist uns in den Jahren der Hektik, in der schnellebigen Zeit, verlorengegangen. In uns selbst wohnt unser eigener Arzt. Unser Körper sagt uns, was für uns gut ist, aber wir haben wohl verlernt, darauf zu hören.

Unsere Zeit ist ein Selbstbedienungsladen. Die Milch kommt aus der Tüte, der Strom aus der Steckdose, unsere Gesundheit aus dem Regal des Apothekers. Wir greifen nach der

Hilfe und der schnellen Erleichterung durch Medikamente. Medikamente machen unsere Gesundheit, meinen wir.

Wir können ja auch wirklich sorglos sein, denn wir haben für fast alles schon Ersatz: die dritten Zähne, eine Brille als Zweitaugen, vielleicht lassen wir uns ein neues Herz einpflanzen oder wir kaufen uns ein Lifting gegen die Falten im Alter!

Müssen wir denn noch auf unseren Körper achten? Wir benützen ihn einfach und machen es uns damit bequem. Wir nehmen uns keine Zeit für ihn, gerade noch für äußere Schönheitspflege, aber sonst sollte er funktionieren, und wir gebrauchen ihn ganz selbstverständlich. Beruflicher Erfolg, Karriere und Attraktivität sind uns wichtiger als ein vorsorglicher Gedanke an die Kräfte unseres Körpers.

Wir haben es verlernt, auf die Signale und Bedürfnisse unseres Körpers zu hören, ja, sie wichtig zu nehmen. Unser Körper steht im Wettkampf mit unserem Erfolg, mit anderen Körpern, gesunden natürlich. Seine Leistungsfähigkeit wird einfach vorausgesetzt.

Und wenn er uns Signale sendet? Zum Beispiel Müdigkeit und ein großes Bedürfnis nach Ruhe? Geben wir dann nach, oder zwingen wir uns nicht gerade noch extra zu einem schnellen Abendspurt mit dem Rennrad, zu einer lästigen Arbeit oder in die Disco? Sonst könnte es vielleicht heißen, wir seien »lasch«!

Wir gönnen uns oft nicht genügend Schlaf und Ruhe. Wir haben kein Gefühl mehr für Muße. Und das Wort Beschaulichkeit haben wir vergessen.

Wir vergessen vielleicht auch, uns richtig und gesund zu ernähren. Wir essen, was uns schmeckt und worauf wir gerade Lust haben. Weich soll es auf jeden Fall sein und leicht zu schlucken. Wir essen auch schnell auf der Straße aus der Tüte, warum eigentlich nicht?

Wir atmen hastig. Das Gefühl des befreienden Luftholens an frischer Luft haben wir längst vergessen.

Dabei wissen wir in unserem Innersten ganz genau, was für

uns gut wäre. Wir spüren das, wenn wir ein wenig aufmerksam mit uns umgehen und uns in unseren Körper einfühlen. Geben wir ihm doch eine Chance, uns zu zeigen, was er braucht!

Unser Körper ist ein wichtiger Teil von uns, so wichtig wie unsere Arbeit, unsere Liebe, unsere Wünsche und Sehnsüchte. Unser Körper ist sozusagen eine eigenständige Persönlichkeit, wir können ihn zu unserem gleichberechtigten Partner machen und ihn so lieben wie wir unser Tun, Fühlen und Denken lieben.

An dieser Stelle wird deutlich, daß wir gegenüber dem Arzt sogar einen großen Vorzug haben. Der Arzt kann seinen Patienten gewöhnlich nicht lieben. Er hat viel zu wenig Zeit, kennt ihn nicht so genau, und das Verhältnis zum Patienten bleibt bei aller Fürsorge und Bemühung doch unpersönlich.

Wir selbst sind unser Denken, Fühlen und unser Körper. Das macht uns zu unserer Person, zu unserem individuellen Ich.

Dazu wollen wir unseren Körper in seiner Körperlichkeit annehmen, wir wollen uns besser verstehen lernen. Wir wollen unseren Körperwünschen nachspüren, einen Weg in unser Inneres gehen und uns entdecken. Denn es ist wichtig, daß wir eigene Gedanken und ein eigenes Verhältnis zu uns entwickeln. So lassen wir uns nicht ein Programm von außen aufhalsen. Dieser eigene Weg gibt uns unser Wohlbefinden, Kraft und Stärke, also unsere Gesundheit.

Dazu müssen wir manchmal aufhören können, wenn andere noch lange nicht erschöpft sind, oder Dinge anfangen können, die aus unserer Einsicht entspringen, auch wenn andere sie belächeln.

Manche entspannen sich in Ruhe und Stille, andere brauchen Bewegung und Sport als Ventil. Manche wissen, sie werden krank, wenn sie bei Wind und Herbstnebel spazierengehen, den anderen freut es aber, wenn ihm der Wind um die Nase pfeift und er die samtige Nebelluft genießt. Der eine bastelt, liest und beschäftigt sich allein, der andere braucht Abwechslung und Diskussion. Manchmal wollen wir uns mit einem opulenten Essen verwöhnen, manchmal wissen wir, daß wir zu unserem Wohlbefinden ein paar Fastentage benötigen. Manche nehmen instinktiv ein heißes Bad und machen Lokkerungsübungen bei den ersten Anzeichen von Kreuzschmerzen.

Der Umgang mit uns selbst ist so vielfältig wie wir Menschen. Wenn wir uns selbst kennen, können wir uns auch gut selbst helfen. Wir können uns hüten vor falscher Verwöhnung und Übertreibung. Und wir haben dem Arzt gegenüber einen großen Vorzug. Wir kennen uns gut und erleichtern ihm vielleicht dadurch die Diagnose. Bei aller ärztlichen Fürsorge und Bemühung: er kann uns nicht so gut kennen.

Zwischen uns und unserem Körper bildet sich ein ängstliches oder liebevolles, sorgsames oder sorgenvolles Verhältnis. Wo die Sorge überwiegt, sind wir in der Gefahr der Hypochondrie. Wo wir für uns sorgen, weil wir uns verantwortlich für uns fühlen, sind wir unser erster und bester Arzt.

Grundlegende Gedanken: Die Seele bestimmt den Körper

Seit Jahrtausenden bestimmt die abendländische Philosophie das Thema von Seele und Leib. Zu allen Zeiten hat man die Zweiheit gespürt und die Einheit gesucht, hat die Einheit gespürt und unter der Zweiheit gelitten und sie zugleich immer zu überwinden getrachtet.

Die eine Antwort ist der psychophysische Parallelismus, die Lehre also, daß Seele und Körper zwei verschiedene Substanzen sind, die gleichsam nebeneinander hermarschieren, im gleichen – vom Schöpfer bestimmten – Takt, aber ohne engere Verbindung.

Diese Verbindung versucht die psychophysische Kausalitätslehre herzustellen, die eine Wechselwirkung von Körper und Seele annimmt, in denen sie aber weiterhin zwei unabhängige und getrennte Substanzen vermutet. Danach ist der Sitz der Seele zwar im Gehirn, aber sie ist von anderem, gleichsam ätherischem Wesen, wirkt aber auf den Körper ein. So bestimmt der Wille die Handlung, das Gefühl den Ausdruck, das Denken das Sein. Aber auch umgekehrt gibt es Wirkungen, so erzeugt die Verbrennung den Schmerz, das Sinnesorgan die Wahrnehmung, die Empfindung das Gefühl. Aber auch diese Lehre befriedigt nicht ganz.

An ihre Stelle trat darum die Lehre von der Leib-Seele-Einheit. Beide sind hiernach nur zwei Seiten ein und derselben Wesenheit. Der Mensch hat gleichsam eine Innen- und eine Außenansicht. Die eine nennen wir Körper, die andere Seele. Bald nehmen wir uns von außen wahr – vor allem der andere –, bald erleben wir uns von innen. Wir können vom Äußeren auf das Innere rückschließen, können verstehen und deuten, uns einfühlen und hineinversetzen. Umgekehrt aber auch können wir unsere Gefühle ausdrücken, unser Denken und Zumutesein in körperliche Bewegung, Körpersprache umsetzen – nirgends ist eine scharfe Trennung, alles ist eins nach dem Motto Goethes »Nichts ist innen, nichts ist außen, und was drinnen ist, ist draußen«.

So sind Stimmung und Lachen eins, Schmerz (des Körpers) und Leid (der Seele) gehen ineinander über. Der Depressive hat einen trägeren Stoffwechsel, eine schleppende Verdauung, sein Hormonspiegel, sein Puls und sein Blutdruck sinken. Dies aber nicht im Wege einer Kausalität: Die Seele ist depressiv, und der Körper reagiert. Nein, die Grenzen sind durchlässig, die Ursachen können die verschiedensten sein, die Wirkung erfolgt auf den ganzen Menschen in der ganzen Person.

Insofern haben wir keine Krankheit, sondern wir sind krank. Auch hat es wenig Sinn, etwas an uns zu heilen, wenn wir dadurch nicht heil werden. Natürlich verdient der Ort des Schmerzes und der Erkrankung besondere Aufmerksamkeit. Ein Infektionsherd oder eine Verletzung sollen auch am Ort ihres Auftretens behandelt werden. Aber die Ursachen reichen oft tiefer – weit in unsere seelische Verfassung und unser soziales Gefüge hinein. Ständige Reibungen mit Vorgesetzten können beim einen Magengeschwüre, beim anderen Schlaflosigkeit, beim dritten Depressionen erzeugen – diese wieder beeinflussen sich gegenseitig und ergeben ein diffuses Bild von Krankheit. Die Krankheit selbst kann nach homöopathischem Prinzip gleichsam mit einem Zündhütcheneffekt durch ein Mittel bekämpft werden, das die Widerstandskraft des Körpers anregt. Andererseits kann der ganze Mensch in eine Verfassung versetzt werden, die der Einzelerkrankung keine Chance gibt, weil der Mensch sich wohl fühlt, integriert in sich und seiner Umgebung.

Wir tun gut daran, alle Ebenen, Aspekte und Verbindungen unseres Wesens im Auge zu haben, wenn unser Gleichgewicht gestört ist und wir davon reden, krank zu sein oder uns krank fühlen.

Dennoch erleben wir primär seelisch. Die Seele als die Innenansicht des Organismus ist der eigentliche Sitz unserer Gefühle, auch des denkenden Geistes und des wachen Bewußtseins. Von hier gehen die leitenden Impulse aus, denen die körperlichen Organe folgen. Insbesondere der Mensch ist von der Seele erfüllt und vom Geist bestimmt. »Das Tier«, so sagt Goethe einmal, »wird durch seine Organe belehrt, der Mensch belehrt seine Organe.« Wir sind es, die steuern, die leiten, die kontrollieren, die kombinieren und auch die Überlegung für Heilung und Besserung unseres Befindens anstellen. Und wenn wir *wir* sagen, so meinen wir eben das empfindende, denkende und fühlende Bewußtsein in uns, das wir zusammenfassend als Seele bezeichnen.

Auch bei der Heilung kommt der Seele die leitende Verantwortung zu. Es sind unsere Einstellungen, unsere Selbstsuggestionen, unsere Programme, die wir ausführen, die uns krank machen oder gesund werden lassen. Wenn selbst naturwissenschaftlich orientierte Ärzte offen zugeben, daß 70-80 Prozent ihrer Patienten mit unbestimmten Leiden oder solchen psychogenen Charakters, also seelischen Ursprungs, in ihre Praxis kommen, so muß auch der Heilungsansatz vom Seelischen her erfolgen. Pharmazeutische oder körpertherapeutische Maßnahmen, chirurgische oder chemotherapeutische Eingriffe sind in Notfällen unvermeidlich – in den Fällen der alltäglichen Durchschnittstherapie jedoch unzureichend und allzu grobschlächtig. Es geht vielmehr um Einfühlung in die Ursache eines Leidens oder auch nur eines Mißempfindens. Denn der Mensch kann unter Unlust, Verstimmung, unbestimmbaren und wechselnden Schmerzzuständen mehr leiden als unter klaren und abgrenzbaren organischen Belastungen. Hier ist der Ansatz über die seelische Seite des gestörten psychophysischen Gleichgewichts angebracht. Zwar sind die Organe die Ansatzpunkte der Beschreibung, aber der Therapieansatz ist jeweils seelischer Art, sozusagen psychogener Natur. Da ist die Rede von den Magenbeschwerden oder den Herzattacken, von Hörstörungen oder arthritischen Erkrankungen – insgesamt also unterschiedlichen körperlichen Lokalisierungen. Sie dienen jedoch nur als Indizien, Äußerungen und Veräußerlichungen des eigentlichen, des seelischen Leidens. Insofern ist jeder Arzt ein Seelenarzt, muß jede Therapie eine Psychotherapie sein und ist Psychosomatik die Methode zukünftiger ganzheitlicher Menschenbehandlung.

Hierfür eine allgemein verständliche und überzeugende Einführung zu liefern und dem Leser gleichzeitig eine brauchbare und praktikable »Hausmedizin« zu bieten, dafür ist dieses Buch mit seinen über vierzig Kapiteln bestimmt. Schäden oder auch nur Risiken sind ausgeschlossen. Der Vorzug psychosomatischer Therapie liegt darin, daß niemand vergiftet und verstümmelt werden kann und daß auch da, wo Heilung nicht gleich eintreten sollte, wenigstens Zusammenhänge sichtbar gemacht und Wege aufgezeigt werden, die zu gehen der Patient ermuntert wird. Denn eins ist hiernach klar: Nicht der Arzt ist der entscheidende Faktor und Macher im Heilungsgeschehen, sondern die Natur heilt selbst, und der *Patient* ist der erste und wichtigste Arzt.

Gesundsein muß man wollen

Unsere Einstellung bestimmt unser Leben, unser Glück, auch unsere Gesundheit. Am besten war dies in den Gefangenenlagern des Krieges zu studieren: Die einen ließen sich hängen, rechneten mit ihrem baldigen Sterben, rauchten und ließen alle Hoffnung fahren. Die anderen richteten sich ganz auf den Tag der Entlassung aus, tauschten die Zigaretten in Brot oder Obst, begannen nützliche Tätigkeiten, auch solche, die nicht verlangt wurden – und lebten, blieben gesünder und fanden die Energie heimzukehren, oft auf langen mühsamen Fluchtwegen. Sie hatten ein Ziel, wollten überleben und in die Heimat kommen.

Die Voraussetzung dafür war die Gesundheit. Sie mußten sie pflegen, sich fit halten und gegen alles, was diese Gesundheit gefährdete, etwas tun: essen bei Hunger, notfalls fasten bei Fehlernährung, Sport bei Bewegungsmangel, Ruhe bei Streß und Überforderung. Der Mensch kann viel tun, um auch unter ungewöhnlichen Umständen seine Gesundheit zu pflegen und zu erhalten – er muß es nur wollen.

Der Psychotherapeut Alfred Adler – wohl der erfolgreichste Freud-Schüler – pflegte seine Patienten zu fragen: Wann wollen Sie gesund sein? Während Freud mehr das kausale Moment der Neurose betonte, stellte Alfred Adler das finale Moment, den Zweck einer Krankheit heraus. Viele, die krank werden, wollen unbewußt mit ihrer Krankheit etwas erreichen: ein bequemes Leben, Mitleid und Beachtung der anderen, Vermeidung von Verantwortung, Zeit zur Nabelbeschau und zur Hypochondrie. Also muß auch die Therapie final ausgerichtet sein. In der Tat erreichte er, daß die Patienten einen ferner oder näher gesteckten Zeitpunkt nannten, den sie für ihre Gesundung für angemessen hielten und sich als Zielmarkierung ausersahen. Das Erstaunliche ist, daß solche Ziele sehr häufig erfüllt werden. Der Wille des Menschen, gesund zu werden, ist selbst eine enorme Gesundungskraft. Er konzentriert die Energien, richtet sie auf ein Ziel aus, verstärkt und ballt sie, so daß daneben den krankmachenden Einflüssen nur geringe Chancen bleiben.

Das Ziel selbst hat auch eine motivierende und gesundende Kraft. Wer durch alle Anfeindungen, Ansteckungsgefahren, Erschlaffungstendenzen unbeirrt das Ziel seiner Gesundung vor Augen hat – etwa auch bei einem längeren Krankenhausaufenthalt –, verfügt über ein großes Reservoir für seine Gesundheit. Erst wer aufgibt, wer verzweifelt, wer alle Hoffnung sinken läßt, verfällt in Depression. Und Depression fördert alle Krankheiten. Wir wissen heute aus der Biochemie, daß – je nach unseren Stimmungen – im Hirn kleine Dosen von auf- oder niederstimmenden Substanzen, sogar von Schmerz- und Betäubungsmitteln ausgeschüttet werden, die den Organismus und sein gesamtes Befinden beeinflussen. Auf die Weise läßt sich in der Tat über die Stimmung auch der Körperzustand steuern.

Daß dies auch sonst so ist, wenn es spontan geschieht, weiß jeder. Freude macht uns beschwingt und leicht, fördert Atmung, Kreislauf und Verdauung. Trauer läßt das Blut langsamer kreisen, den Atem schleppender gehen und die Verdauungsvorgänge störend träge werden. Auch was etwa die Alkoholverträglichkeit angeht, läßt sich deutlich beobachten: Sind wir fröhlich, singen etwa auch, tauschen uns in geselliger Runde aus, so vergiftet uns der Alkohol längst nicht in dem Maße, wie wenn wir ihn stumpfsinnig brütend in uns hineinschütten. Am nächsten Tag wird es uns entsprechend schlecht gehen.

Nun kann man sicher nicht jede Stimmung willkürlich beeinflussen, aber es läßt sich viel dafür tun und an Voraussetzungen schaffen.

Die erste ist, daß wir uns diesen Zusammenhang klarmachen und danach leben. Ich frage mich also: Was habe ich für Beschwerden, was quält mich und macht mich krank? Hängen diese Beschwerden mit meiner Seele und meiner psychischen Verfassung oder Einstellung zusammen? Was muß ich an dieser Einstellung ändern, und was will ich ändern?

Plötzlich merke ich: Ich bin frei, mir Ziele zu setzen, Aufgaben zu stellen, schönes vor Augen zu halten, auf das ich mich freuen kann – selbst wenn ich es jetzt noch nicht habe. Genau dieser Umschwung ist es aber, der uns not tut und der für unsere Gesundung entscheidend wichtig ist. Und wer nicht sehr tief im Tal der Depressionen steckt, ist – zumindest in kleinen Schritten – dazu fähig und kann sich also selbst auf den Weg der Gesundung begeben.

Die Gefahr ist immer, daß wir zuviel von außen, von pharmazeutischen Mitteln oder auch von ärztlicher Hilfe erwarten, statt uns selbst zu helfen, solange wir können. Der Patient ist der erste Arzt, und er sollte diese Chance auch wahrnehmen. Der Arzt heilt nicht, er kommt der Natur nur zu Hilfe. Die Natur in uns heilt selbst, und wir müssen ihr die Möglichkeit und sozusagen die freie Durchfahrt geben – dadurch, daß wir überhaupt erst gesund werden *wollen*.

Leider haben wir ein Krankenversicherungssystem, das auf die Heilung von Krankheit ausgerichtet ist und nicht wie das in China, wo der Arzt für den gesunden Patienten bezahlt wird. Gesundheit sollte unser Ziel sein, körperliches und seelisches Wohlbefinden. Weil wir wissen, daß beide sich wechselweise beeinflussen, müssen wir nicht nur unseren Körper sorgsam betrachten, sondern unseren seelischen Zustand im Auge haben. Auf ihn können wir unmittelbarer Einfluß nehmen. Dadurch nehmen wir auch mittelbar auf den Körper Einfluß, so daß beide gesunden können, Körper und Seele gemeinsam.

Gesundheit ist inneres Gleichgewicht

Eine Frage, mit der man Mediziner ratlos machen kann: Was ist eigentlich Gesundheit? Sie geraten ins Stocken und weichen – wie es bei ihrem Beruf naheliegt – auf Negativdefinitionen aus: Das Fehlen von Krankheit etwa. Dies entspricht dem zuvor geschilderten Gefühl: Wir merken, wenn uns etwas weh tut, aber nicht, wenn uns nichts fehlt.

Positiver hat schon die Weltgesundheitsbehörde Gesundheit als Zustand ungestörten inneren und äußeren Wohlbefindens gekennzeichnet. Aber im Wohlbefinden liegt sehr viel Subjektives. Auch wer ein Rauschmittel nimmt – er mag noch so krank sein –, wird sich wohl befinden. Das subjektive Befinden kann über den wirklichen körperlich-seelischen Zustand täuschen.

Hier eignet sich das Wort Gleichgewicht in vorzüglicher Weise. Einmal strebt die Natur selbst ein ständiges Gleichgewicht der Kräfte an. Ihre Kreisläufe sind so angelegt, daß ein Gleichgewicht polarer Bewegungen gesichert ist: Einatmen und Ausatmen, Systole und Diastole, Spannung und Entspannung, Anstrengung und Erholung, Sommer und Winter, Tag und Nacht, Ebbe und Flut, Stille und Sturm – um völlig unterschiedliche Phänomene als Ausdruck der polaren Dialektik in der Natur heranzuziehen.

Das Wort Gleichgewicht eignet sich aber auch deshalb in besonderer Weise, weil es von einem inneren Zustand zeugt, für den man auch die Worte Ausgewogenheit oder Ausgeglichenheit verwenden könnte. Wenn wir uns wohlfühlen, sind wir innerlich ausgeglichen, und umgekehrt: Wenn wir ausgeglichen sind, fühlen wir uns wohl und sind gesund. Je öfter diese Ausgeglichenheit gestört wird, um so nachhaltiger wird auch das leib-seelische Gleichgewicht unseres Organismus gestört und schließlich krank. Wer ständig gegen seinen Wunsch zu Hause oder bei der Arbeit gehetzt wird, wird zum

Beispiel Magengeschwüre oder Herzbeschwerden bekommen – als Folge des gestörten inneren Gleichgewichts. Wer zu wenig Bewegung hat und nur entspannt, ausruht und vom vielen Essen verdaut, wird ebenfalls – meistens an den Verdauungsorganen – krank, weil die aktive Seite des Gleichgewichts zu kurz kommt: Anforderung, Bewegung, Durchblutung. Der dauernd auf Entspannung Setzende mag sich subjektiv in einer Art von Gleichgewicht fühlen – objektiv stört er das Gleichgewicht der Natur, die pulsiert und Ausgleich von Gegensätzen anstrebt, ohne die Gegensätze zu verwischen.

Dennoch ist das subjektive Gleichgewicht ein wichtiger Anzeiger für den eigenen Gesundheitszustand. Wer sich schnell aufregt, bekommt erhöhten Puls, hastigere Atmung, heftigere Herztätigkeit. Seine Blutgefäße ziehen sich unter dem Einfluß des erregten vegetativen Nervensystems zusammen. Es kann zur Störung in der Durchblutung der äußeren Organe, zu Schweißausbrüchen, Magenkrämpfen und Durchfällen kommen. Wenn dies oft geschieht, automatisieren sich derartige Vorgänge, treten immer wieder ein und überschreiten schließlich die Grenze vom Funktionellen zum Organischen: Der Mensch wird krank, nur weil er sich allzu leicht geängstigt, geärgert und erregt hat.

Der einzige Mensch, mit dem ich unbedingt und in jedem Fall auskommen muß, bin ich selbst. So versuche ich in einer Störungssituation, bei Streßbelastung, Ärger oder anderen Gefährdungen des körperlichen oder seelischen Gleichgewichts, dieses zunächst und vorrangig wieder herzustellen. Wenn ich mich krank fühle, lege ich mich hin, erhole mich oder stehe die Krankheit durch, bis sie ausgestanden ist. Unnötigen Ärger vermeide ich oder lasse ich so schnell wie möglich fallen. Unvermeidlichen Ärger führe ich auf seine Ursachen zurück, und suche ihn durch deren Beseitigung auszuräumen. Menschen, die mir auf die Dauer allzu große Belastungen bereiten, meide ich und breche notfalls sogar die

Kontakte ab. Die körperlich-seelische Energie ist zu empfindsam und die Lebenszeit zu kostbar, um sich immer wieder sinnlos aufzureiben und die Lebensfreude durch äußere Faktoren und Einflüsse rauben zu lassen. Die inneren Einflüsse kann ich besser steuern und tue dies, indem ich mir in jeder negativen Situation das Positive klarmache, in jeder Streßbelastung nur soviel abverlange, wie ich erbringen kann und mich nur ärgere, soweit unvermeidbar und dann auch nur so kurz wie möglich.

Wenn der leib-seelische Organismus aus dem Gleichgewicht kommt, wird er krank. Die Symptome der Krankheit sind zugleich die Signale des störenden Ungleichgewichts.

Ein Zeitungsredakteur wird durch den politischen Richtungswechsel, der mit dem Tod des alten Verlegers und der Übernahme des Verlags durch einen jüngeren Mann verbunden ist, in seiner Existenz bedroht. Man bedeutet ihm, daß seine Kommentare nicht mehr der Grundrichtung der Zeitung entsprechen und er sich mit der Zeit nach einem neuen Posten umsehen soll. Die Kündigung ist klausuliert und unbefristet, aber hängt, wie das bekannte Schwert des Damokles, über ihm. In relativ kurzer Zeit entwickeln sich bei ihm Magengeschwüre, die sich bis zur endgültigen Klarheit über den Kündigungstermin immer weiter verschlimmern und jeder ärztlichen Behandlung trotzen. Schon äußerlich wirkt er unruhig und nervös, was angesichts dieser unerfreulichen Schwebesituation leicht verständlich ist.

Auch der Ursachenzusammenhang zwischen seiner menschlichen und sozialen Lage und dem Auftauchen schwerwiegender Krankheitssymptome ist selten so offensichtlich wie in diesem Fall. Der Körper zeigt wie ein empfindliches Instrument die Stimmungen und seelischen Situationen an, in denen der Betreffende steht. Seine Krankheit somatisiert und signalisiert damit sein Leiden, das in Wahrheit in zwischenmenschlichem Druck und einem spannungsvollen seelischen Schwebezustand besteht. Der Magen ist für solche Situationen besonders anfällig und reagiert etwa bei jedem zweiten Menschen auf Druck, Spannung, Überforderung wie ein empfindliches Barometer: mit Appetitlosigkeit oder Heißhunger, Völlegefühl oder Sodbrennen, Schleimhautentzündungen oder Geschwüren. Die Sekretion der Magensäfte gerät in Unordnung, und ihr hoher Säureanteil greift entweder die Magenschleimhäute zu stark oder – wenn er unter eine bestimmte Norm gesunken ist – die zugeführte Nahrung zu wenig an, so daß es in jedem Falle zu Störungen kommt. Diese sind dann meistens mit unangenehmen Gefühlen bis hin zu starken Schmerzen verbunden.

Wir können dem Körper für diese Signalsprache nur dankbar sein, denn sie erlaubt uns, uns rechtzeitig unzuträglicher Situationen bewußt zu werden, sie zu meiden oder aufzulösen. Die Magengeschwüre des Redakteurs wichen erst, als er sich entschlossen hatte, aus freien Stücken eine neue Stellung zu suchen, und als er diese dann auch bekam. Meistens reguliert der Körper dann seine Leiden selbst, und der Gleichgewichtszustand der Gesundheit kehrt wieder ein.

Psychosomatische Praxis

1
Alles in meiner Welt verleitet mich zum Essen

(Fettsucht – Adipositas)

Rosa ist die dickste in einer Familie von Dicken. Aber Rosa war nicht immer dick. Wenn sie sich doch nur erinnern könnte, was sie übers Essen gedacht hatte, als sie noch normalgewichtig war! Aber es ist wie weggewischt – und das nun schon seit zehn Jahren.

Ihr Verlobter hatte sie verlassen, weil sie nach der Verlobung doch wieder zugenommen hatte.

Als sie verliebt war, hatte sie ihm versprochen, ihr damals geringes Übergewicht zu verlieren. Das hatte anfangs auch geklappt, aber dann begann sie unsicher und eifersüchtig zu werden und zu essen, besonders, wenn sie sich in den Schoß ihrer Familie zurückzog.

Je mehr er ihr Vorhaltungen machte und Strafen androhte, desto unglücklicher wurde sie und desto mehr aß sie. Wahllos – so daß sie oft nicht wußte, wieso die Marmeladengläser schon wieder leer waren. Rudolf hatte mit dem Essen keine Schwierigkeiten. Er konnte sie nicht verstehen, und Rosa konnte nicht darauf vertrauen, daß er sie liebte, weil sie sich selbst nicht vertraute und sich selbst immer weniger mochte.

Oft wünschte sie, in einer anderen Kultur, einer anderen Zeit zu leben, in der einem nicht jedes Pfund gleich zur Last gelegt wurde wie ein Verbrechen.

Frauenzeitschriften zeigten nur überlange, objektiv gesehen unterernährte Mädchen und waren voll von Wunderdiäten, die Rosa aber alle nicht zugänglich waren.

Ihr war permanent zum Heulen zumute, und sie nahm schnell noch einen dritten Löffel Zucker in den Kaffee, um diesen Leidensdruck zu mindern.

Ihre Mutter war auch nicht schlank, aber attraktiv, wie alle sagten, und sie schien auch nicht unglücklich zu sein.

Rosa aber sah keinen Ausweg aus ihrer Misere. Ihre Mutter meinte, Rosa wäre viel zu schade für Rudolf, er solle sich ruhig eine mickerige Ziege suchen. Von dort gab es also keine Hilfe. Rosa fühlte sich verlassen und allein, kritisch angesehen und verspottet. Sie mochte nicht mit anderen jungen Menschen ausgehen. Frühling und Sommer, Sport und Urlaubszeit wurden für sie zur Qual, oder sagen wir richtiger, schon der Gedanke daran.

Sie bewegte sich immer weniger, verbrauchte dadurch nicht nur weniger Energie, sondern schuf auch das Klima, in dem man immer mehr ißt.

In der Geschichte der Menschheit hat selten ein ganzes Volk über längere Zeit mehr zu essen gehabt, als nötig war. Andererseits schreitet die Automatisierung immer weiter fort, so daß wir heute, obwohl wir weniger Kalorien zu uns nehmen als etwa ein Landarbeiter vor einhundert Jahren, der dürr war, davon dick werden.

Adipositas (Fettsucht) ist keine Erbkrankheit, setzt sich aber aus sozialen Faktoren zusammen, bei deren Vorhandensein sie gehäuft auftritt und sich standhaft behauptet.

Eine US-amerikanische Studie stellte Zusammenhänge her

zwischen Bildung, Einkommen, Religionszugehörigkeit und den Einwanderergenerationen. So tritt Adipositas häufiger in Familien auf, die erst vor einer Generation Amerikaner geworden sind. Wenn also in alten Weltkulturen die Dicken angesehen, reich und mächtig waren, weil sie die einzigen waren, die sich den Überfluß an Nahrung leisten konnten, so ist diese Aussage heute ins Gegenteil verkehrt.

Adipositas ist sozial vererbbar. Die Eßgewohnheiten in Familien sind sehr unterschiedlich, am schlimmsten ist ein Kind dran, das von dicken Eltern gezwungen wird, den Teller leer zu essen, oder durch seine Nahrungsaufnahme die Selbstbefriedigung der Mutter gewährleisten muß.

Auf diese Art werden Zwölf- bis Sechzehnjährige gezüchtet, die bereits bis zu 60 Prozent Übergewicht haben. Für diese Menschen ist es fast unmöglich, als Erwachsene ihr Leben neu zu »erlernen«.

In Rosa und ihrer Mutter finden wir zwei Typen charakterisiert, die bei der Adipositas unterschieden werden. Rosa hat ein gestörtes »Body-Image«, ihre Mutter nicht. Body-Image ist das Bild, welches man vom eigenen Körper hat und die Reaktion darauf. Rosa empfindet sich selbst als ekelerregend und abstoßend, ihre Mutter dagegen ist mit ihrem Körper zufrieden.

Patienten mit gestörtem Body-Image oder Freßanfällen, wie sie auch bei Anorexia oder Bulimia auftreten, kann eventuell in einer Psychotherapie geholfen werden. Andere Übergewichtige sollten Hilfe nicht von außen suchen, sondern selbst zu erkennen trachten, was sie tun und womit sie Pfund auf Pfund dazu erwerben.

Mir muß klar werden, daß ich, anders als Schlanke, mein »Hungergefühl« nicht von innen empfange, sondern durch Außenreize.

Ich esse, weil mal wieder Frühstücks-, Mittags-, Kaffee- oder Abendbrotzeit ist. Ich esse, weil ich eine Reklame, in der

Leckereien angeboten werden, sehe. Ich esse, wenn ich andere essen sehe; ich esse, wenn ich den Geruch von Essen in die Nase bekomme. Ich esse, wenn ich unzufrieden, wütend, zornig, gelangweilt bin. Ich esse, weil meine Familie auch immer ißt. Ich esse, weil ich einen Vorrat von leicht zugänglichem Essen in meinem Auto, meiner Wohnung, im Schrank meiner Arbeitsstelle angelegt habe.
Ich esse alles durcheinander, ohne die einzelnen Nahrungsmittel zu schmecken. Ich esse im Sitzen, Stehen, Liegen, überall in der Wohnung. Ich esse, ohne es zu merken. Das Daueressen ist bei mir zur Gewohnheit geworden wie das tägliche Zähneputzen.

Ich bin in einen verderblichen Sog geraten, der meinen Leidensdruck verstärkt. Der Arzt, der zu mir sagt: »Iß die Hälfte«, kann mich nicht verstehen. Wie aber sollte er mich verstehen, wenn ich mich selber nicht verstehe?

Es ist also an mir, mich zu verstehen. Ich bin die Hauptperson, und ich bin mein einziger Retter.

Meine Eßgewohnheiten sind gestört. Ich leide darunter. Ich will es in kleinen Schritten ändern.

Wohlgemerkt: Ich bin die Hauptperson. Ich will nur mich betrachten, und mein Leitbild ist zunächst mein Körper, der ein Pfund abnimmt, statt zwei Pfund zuzunehmen.

Mein Leitbild ist weder Jane Fonda im Aerobic-Anzug noch ein schlanker Popstar oder Sportler.

Ich schreibe mir auf, was ich gestern gegessen habe, lükkenlos versuche ich mich zu erinnern. Wann habe ich was gegessen, und wie war der jeweils spezifische Geschmack? Es ist fast sicher, daß ich mich nicht erinnern kann, schon gar nicht an den Geschmack.

Gut. Dann will ich ab morgen alles aufschreiben, was ich während des Tages zu mir genommen habe. Alles.

Ich bin neugierig, ob es mir gelingen wird, mich zu erinnern. Ich bin neugierig auf mich, weil ich mich ernst nehme.

Das Abnehmen interessiert mich überhaupt noch nicht –

nur mein Essen. Ich will meinem Verhalten auf die Spur kommen, erkennen, wodurch ich jeweils verleitet worden bin, warum ich etwas in den Mund gesteckt habe, wie lange ich es gekaut habe, was ich dabei geschmeckt habe, was ich dabei gefühlt habe.

Ich will mir aufschreiben, welche Bewegungen ich ausgeführt habe. Bin ich gefahren, wenn ich hätte laufen können, habe ich gesessen, wenn ich hätte stehen können, gelegen, wenn ich hätte sitzen können?

Ich und nur ich kann mich motivieren.

Wenn ich glaube, daß ich meine Gewohnheiten durchschaue, richtig begreife und mich motivieren könnte, sie ändern zu wollen, dann stelle ich mir meine eigenen Regeln auf:

Ich esse nur noch an einem Platz, etwa in der Küche oder im Eßzimmer. Ich decke meinen Tisch wie für einen lieben Gast.

Ich zähle meine Bissen, ich zähle das Kauen und Schlucken.

Ich mache bewußt Pausen.

Ich konzentriere mich auf den Geschmack des Essens.

Ich genieße das langsam sich einstellende Sättigungsgefühl.

Ich bemerke, daß mir der bewußte Genuß eines einzelnen Bissens Kuchen so viel Spaß macht wie früher das Herunterschlingen von drei Stücken.

Ich bin stolz auf mich.

Ich genieße mit Entdeckerfreude meine Geschmacksnerven. Sie haben mich noch nicht im Stich gelassen – [illegible] *sie also pflegen.*

Ich entdecke Essen als genußvolle, befriedigende Handlung.

Meine Familie oder meine Freunde sollen mich nicht von dieser Entdeckung abbringen können. Sie ist allein mein Verdienst.

Das soll der Anfang sein für ein Leben, in dem ich mich besser fühle.

2
Dem Hungern allzu fanatisch ergeben
(Magersucht – Anorexia)

Ruth ist gerade von einem ausgedehnten Spaziergang zurückgekommen. Morgen wird sie 20 bis 30 Kilometer radfahren. Sie sitzt mit ihrem knöchernen Po auf einer Stuhlkante und fühlt sich nicht wohl – ihre Gedanken kreisen, wie üblich, ums Essen, das sie sich aber nicht gönnen darf. Sie denkt immer nur ans Essen, ja, sie ist von dem Gedanken ans Essen besessen. Also hungert Ruth, um sich zu disziplinieren.

Sie traut sich nicht zu, mit ein wenig Essen zufrieden zu sein, fürchtet, dann nicht mehr aufhören zu können, bis sie wie ein Luftballon platzt.

Sie kommt in eine furchtbare Klemme, wenn sie mit anderen gemeinsam essen muß. Die dürfen ja nichts merken, es darf nicht auffallen, aber mit jedem Happen begeht sie ein Verbrechen an ihrer eigenen Hungerarbeit, die sie so gut leistet wie sonst niemand. Darauf will sie stolz sein.

Jetzt ist das spürbare Hungergefühl gut ausgeprägt, wie Ruth es gern fühlt. Um sich selbst zu übertreffen, steht sie auf und nimmt zwei kleine Abführpillen, die ihr so lieb sind wie anderen Teenagern Smarties.

Ruth ist siebzehn Jahre alt, einen Meter siebzig groß und wiegt noch 49 kg. Ruth ist nicht wie andere Teenager. Sie mag keine laute Musik, sie sitzt allein in ihrem Zimmer und arbeitet für die Schule, oder sie säubert pedantisch ihr Zimmer. Jeden Tag geht sie spazieren oder zum Schwimmen.

Jetzt aber treibt es sie in die Küche. Sie ist allein zu Hause. Sie öffnet den Kühlschrank und schließt ihn wieder. Mehrmals. Nach einer halben Stunde gibt sie auf und ißt eine Mohrrübe (fünfzehn Kalorien!!). Diese Mohrrübe aber, einmal heruntergeschluckt, jagt ihr starke Schuldgefühle ein. Wie konnte es ihr wieder passieren, sich so gehen zu lassen? Es ist unentschuldbar! Ihr ganzes Gedankengebäude, das sie zu ihrer Selbstkontrolle errichtet hat, droht zusammenzubrechen. Sie hat Angst, die Kontrolle über sich zu verlieren, zuerst die Kontrolle über den Hunger, dann jegliche Kontrolle über ihr Leben. Hinzu kommt die panische Angst, daß ihre Körperumrisse sich auflösen könnten, daß sie fett wie ein Faß oder wie ein Ballon würde. Und hinzu kommt die Angst, sich selber untreu zu werden.

Das Nichtessen steht im Mittelpunkt ihres Lebens, begleitet von den quälenden Dauergedanken ans Essen.

Über Anorexia nervosa (Appetitlosigkeit) gibt es schon eine Beschreibung aus dem Mittelalter, das Krankheitsbild ist seit Morton (1689) bekannt, aber in der zweiten Hälfte unseres Jahrhunderts ist es eine verbreitete psychosoziale Störung in den westlichen Industrienationen und in Japan. Es scheint, als wäre die Überflußkultur die Bühne, auf der sich dieses Drama so recht entfalten kann.

Es sind vorwiegend junge Mädchen und junge Frauen betroffen, junge Mädchen, die, wie wir alle, in beliebig vielen Zeitschriften die Maße ihrer *roll models* (Vorbilder) studieren können, hin bis zu der Karikatur, die Twiggy genannt wurde.

Lange Kinderbeine, an denen die Knie das Dickste sind, werden genauso propagiert, wie etwa schmale Gesichter mit überdimensionalen Mündern, die außerdem noch weiträumig übermalt werden, und man fragt sich manchmal, welchen »Knacks« die vorwiegend männlichen Kreateure da ausleben.

Kurz: Das Mädchen, welches in der Pubertät eine neue Form finden und annehmen muß, ist rechtschaffen verunsichert, fühlt seine natürliche Angst vor Veränderung hier bildhaft verstärkt und weigert sich, die Metamorphose zur Frau durchzumachen. Es verliert den Appetit auf das zukünftige Leben und wählt die Anorexia (An = ohne; orexis, oregein = verlangen, nach etwas ausstrecken).

Das Mädchen weigert sich, zu essen, und es weigert sich standhaft, seinen Zustand als krankhaft anzuerkennen, ja, es verteidigt sein Gewicht, seine Körperform als normal und richtig, selbst wenn der Gewichtsverlust mehr als 25 Prozent beträgt (das natürliche, in der Pubertät erfolgende Wachstum mit eingerechnet).

Im Laufe der Krankheit kommt es zu Abmagerung, Amenorrhoe (Ausbleiben der Regel) und Obstipation (Verstopfung).

Die Kranken suchen den Zustand der Bedürfnislosigkeit und verteidigen ihn angstvoll, um ihre Begierden und Triebe in Schach zu halten. Sie isolieren sich, treten arrogant und scheinbar selbständig auf und leiden angstvolle Qualen, bei dem Gedanken, »ihren Ausweg« aufgeben und essen zu müssen. Die Angst vor dem »zu dick werden« hält sie im Griff und läßt nie nach.

Es kann zu Diebstählen und heimlichem Essen kommen, gefolgt von selbstinduziertem Erbrechen.

Im fortgeschrittenen Stadium verstärkt sich der Bewegungsdrang, später folgen Schlaflosigkeit und Hautveränderungen, bis die Haut rauh, spröde und dunkel wird wie Sandpapier. Darauf sprießen dann Pusteln und kleine Geschwüre, punktförmige Blutungen und flaumartige Behaarung. Die

Herzfrequenz verlangsamt sich, die Körpertemperatur sinkt ab, so daß Fieber manchmal nicht gemessen werden kann. Nicht selten endet diese grausame Krankheit im Tod.

Das Ausbleiben der Regel ist ein körperliches Zeichen für Angst, und die Rolle als Frau ist damit hinfällig geworden. Für den Laien ist es fast unbegreiflich, daß eine so schwere körperliche Krankheit psychogen (seelisch bedingt) sein soll.

Die Gruppe der Kranken setzt sich aus ganz verschiedenen Untergruppen zusammen, allen gemeinsam ist eine Körperschema-Störung. Sie sehen sich, selbst bei Untergewicht, als zu breit, sie glauben, ein zu breites Gesicht zu haben.

Je ausgeprägter die Fehleinschätzung der eigenen Körpermaße ist, desto sicherer werden sie nach einem Krankenhausaufenthalt wieder Gewicht verlieren.

Wir begreifen, daß sie ihre wahnsinnige Angst, die Kontrolle über sich zu verlieren, nicht bekämpfen können und verzweifelt an ihrer Form der Selbstkontrolle festhalten müssen. So versucht der Kranke »... auch noch sich selbst zu übertreffen bis ins Unbegreifliche, denn für seine Fähigkeit zu hungern fühlte er keine Grenzen.« (Franz Kafka *Ein Hungerkünstler).* »Weil ich hungern muß, ich kann nicht anders«, sagt der Hungerkünstler, »weil ich nicht die Speise finden konnte, die mir schmeckt«. Dann stirbt er.

Um die Speise, die diesen Kranken schmeckt, geht es hier.

Ich will mich einem Arzt anvertrauen, der mir bei der Suche nach dieser Speise helfen soll.

Ich weiß, daß ich hemmungslos lüge, wenn es um mein Gewicht und meinen miserablen, erbarmungswürdigen Körperzustand geht. Alle wissen es, weil es sichtbar ist.

Aber ich sitze im Hungerkäfig, lasse niemand an mich heran, der mir helfen könnte. Fanatisch halte ich so meine Familie auf Abstand. Sie bieten mir keine Konfliktlösungen an – ich erschrecke sie dafür mit meinem Hungerprotest. Ich stelle mich erbarmungslos zur Schau, strebe weiter dem Ziel »Skelettierung« entgegen. *Meiner* Meinung nach habe ich nichts zu bieten, darum muß ich etwas Besonderes haben und starr an meinem Hungern, das mir keiner nachmachen kann, festhalten.

Meine Kompromißlosigkeit ist im Moment die einzige Speise, die mir schmeckt. Ich fühle mich wertlos. Mein Hungern ist ein Protest. Ich reduziere mich auf diesen Protest.

Woher ich Glück, Ruhe und Heilung erwarte? Ich bin mutlos. Ich bin krank. Ich bin sehr krank. Kranke aber gehen zum Arzt:

Ich will all meine Kräfte zusammennehmen und einem Arzt eine Chance geben. Vielleicht versteht er mich. Wenn er mir helfen will, soll er es versuchen.

Er soll mir helfen, mich mit meinem Feind, dem Essen, anzufreunden.

Er wird mir helfen, mein totes Gefühlsleben zu erwecken, er wird mich nicht allein lassen mit meiner Angst.

Ich muß unbedingt lernen, meine Kontaktarmut zu besiegen und in einer Gruppe von Gleichaltrigen das Leben so zu erfahren, wie es wirklich ist. Die Pubertät ist schwierig, schön, abwechslungsreich, macht neugierig, aber sie ist nicht bedrohlich. Das will ich mit Gleichaltrigen zusammen erleben, sie können mir am ehesten Halt geben.

3
Heimliches Essen – ohne Erfolg
(Freß-Brechsucht – Bulimie)

Kathrin liegt morgens in ihrem Bett. Sie ist gerade aufgewacht und denkt schon darüber nach, was sie Leckeres zum Frühstück essen könnte. Gestern abend, bevor sie ins Bett ging, hatte sie noch zwei Tafeln Schokolade gegessen und somit dürfte sie eigentlich heute gar kein Frühstück zu sich nehmen. Sie hat noch Diät-Joghurt, den kann sie essen, denn heute darf sie nicht wieder soviel essen wie gestern. Gestern hatte sie 3.800 Kalorien zu sich genommen und, obwohl sie den ganzen Kuchen am Nachmittag gleich wieder erbrochen hatte, waren da noch zu viele Kalorien an ihrem Bauch und an ihren Oberschenkeln hängengeblieben. Kathrin stellte sich das Essen so vor: Auf einem Stück Schokolade steht 25 Kalorien geschrieben, die direkt zu den Oberschenkeln wandern und sich dort in Form von Fett absetzen.

Kathrin ist mit ihrer Figur nicht zufrieden. Sie ist nicht besonders fett, aber auch nicht so schlank wie ihre Freundinnen. Sie steht auf, duscht und betrachtet sich im Spiegel. Von vorn, von der Seite, von hinten – ihr Po ist riesig, und sie kann eine richtige Fettrolle am Bauch greifen. Die Oberschenkel sind oben fast dreieckig und stehen zur Seite hin vor. Kathrin haßt sich nackt, also zieht sie schnell ihre Jeans und ihren großen, langen Pullover an, der die ganze Figur bedeckt.

Nun geht sie in die Küche und macht einen Tee, denn es ist wichtig, viel zu trinken, damit man das Gefühl hat, einen vollen Magen zu haben. Sie ißt den Diät-Joghurt und trinkt etwas.

Dann bekommt sie aber ganz großen Appetit auf etwas Süßes. Sie überlegt, und bevor sie sich beherrschen kann, hat sie schon die Nußnougatcreme in der Hand und ißt mit einem Löffel genüßlich den oberen Rand. Sie beginnt Gesichter in die Creme zu ritzen und sie wieder zu zerstören, indem sie sie wegißt. Erschrocken stellt sie das Glas auf die Seite, als sie sich ertappt, aber sie kann es nicht lassen. Die Creme hat eine magische Anziehungskraft.

Kathrin hat keinen Hunger, sie hat nie Hunger, aber sie ist auch nie satt. Sie ist nur unbefriedigt, wenn sie diese Creme jetzt nicht essen kann. Sie findet sich zu dick, aber sie muß jetzt in diesem Moment essen. Sie ißt das ganze Glas leer und dazu noch ein paar Löffel Erdnußbutter. Oh Gott, das waren 2.500 Kalorien, die sie gegessen hat, das geht nicht. Sie ist doch so dick. Kathrin läuft ins Bad, steckt den Finger in den Hals und erbricht mühsam, was sie eben gegessen hat. Ihre Augen tränen. Sie schaut in den Spiegel und ist sehr unglücklich, denn sie weiß, daß das nicht gut ist.

Kathrin ist Studentin, und sie liebt die Vorlesungen, weil sie dort nur an das Essen denken, aber nicht essen kann. In der Mensa läßt sie mittags immer etwas auf dem Teller, damit ihr niemand auf die Schliche kommt. Kathrin ißt nur so viel, wenn sie allein ist und sich auch heimlich erbrechen kann. Oft macht sie sich eine Schale Kuchenteig, den sie ißt, besonders wenn sie nervös ist, zum Beispiel vor einer Klausur. Sie ißt aber auch aus Frustration, wenn sie sich im Spiegel betrachtet und festgestellt hat, daß sie sich zu dick findet. Dieser teuflische Kreislauf wird ihr zwar von Zeit zu Zeit bewußt, aber sie kann nicht aus ihm ausbrechen. Sie lebt nach dem Motto *Morgen ist alles anders.*

Kathrin hat ein Problem, das viele Menschen bedrückt, die versuchen, ihre Ängste oder ihre Nervosität beim Essen zu betäuben, sie »wegzuessen«. Dabei verfallen sie in die frühkindliche Phase, in der wir uns emotinal geborgen fühlen, wenn wir etwas in den Mund schieben.

Da Bulimia nervosa-Patienten – diese Krankheit wird erst seit 1979 beschrieben – aber vorwiegend aus gebildeten Schichten stammen – eine US-Studie spricht von fünf bis neunzehn Prozent Collegestudentinnen, in Deutschland sollen es sieben Prozent der Gymnasiastinnen und neunzehn Prozent der Studentinnen sein – hat sich hier eine Sonderform der Freßsucht herauskristallisiert, die als »klugen« Ausweg das Erbrechen entdeckt hat, um dem überall gepriesenen Ideal eines schlanken, erfolgreichen, flexiblen Menschen zu entsprechen. Männer sollen nur zu einem Prozent an diesem »cleveren« Ausweghandeln beteiligt sein. Das Beste, was diesen Mädchen und Frauen passieren kann, ist, entdeckt und so vor einem langen Leidensweg bewahrt zu werden. Nach einem Jahr nämlich verselbständigt sich die Krankheit und kann dann zu jahrzehntelangem Leiden führen.

In der Vorgeschichte der Patientinnen gibt es oft Diebstähle sowie eine ungewöhnlich starke Beschäftigung mit dem Körper, Depressionen und starke soziale Anpassung.

Da die Patientinnen ihren »Ochsenhunger« sehr geschickt zu verheimlichen verstehen und auch für ihr Erbrechen allein sein müssen, zeigen sie sich nur in der Öffentlichkeit, wenn sie mit ihrer Figur zufrieden sind. Sie sind also nicht wie die an Anorexia Leidenden zurückgezogen, sondern »mitten unter uns«.

Für die Heilung ist es für die Familie oder die Freunde wichtig, zu »wissen« und darüber zu sprechen, damit es zu einer Enttabuisierung kommen kann und sich so die Schuldgefühle der Betroffenen verringern können, da alles Geschehen über diesen Mechanismus abläuft. Die Schuldgefühle verstärken den Wunsch, geliebt zu werden, wie die Unfähigkeit, an die Liebenswürdigkeit der eigenen Person zu glauben. Diese Depression wird durch das Fressen, vorzugsweise von Süßigkeiten, gemildert und dann mit dem Kopf begriffen und wieder »rückgängig« gemacht durch Erbrechen. Danach erfahren die Patientinnen einen starken Selbsthaß, sie empfinden sich als abartig.

Dreht sich dieser Teufelskreis schneller, stellen sich auch für den Arzt sichtbare Zeichen ein, wie etwa aufgedunsene Augenpartie oder geplatzte Äderchen an den Wangen. Der Wunsch nach Liebe und die gleichzeitige Unfähigkeit, sich lieben zu lassen, treibt sie in der Liebe in die Rolle der Gebenden, Dienenden.

Ihre Minderwertigkeitskomplexe zeigen sich oft im Streben nach Perfektionismus, Höchstleistungen, Putzzwang und Ordnungssucht.

Diese »neue« Sucht spiegelt wie keine andere die Lebensängste unserer Zeit wider und speist sich aus den allgegenwärtigen Publikationen, die bestimmen, wie man auszusehen hat. Der Kranke differenziert nicht mehr und setzt jedes Gefühl von Unbehagen, wie Ängste, Langeweile oder Unlust, mit dem Gefühl des »zu-dick-Seins« gleich, bis in seinem Leben die penetrante Betrachtung des eigenen Körpers der einzige, zentrale Lebensinhalt wird.

Seine immer stärker werdende, ungestillte Liebessehnsucht wird wie auf der Babystufe mit Futter befriedigt, was gleichzeitig zu einem aggressiven, kompromißlos gnadenlosen Verschlingen führt.

Je stärker die Liebessehnsucht wird, desto unfähiger wird er zu lieben. Denn lieben heißt, den Wert von etwas begreifen

– auch den Wert von Nahrung. Die Aufnahme von Nahrung ist ein sinnliches Erlebnis und eine kulturelle Handlung. Das heimliche Fressen ist bereits eine egoistische, ausgrenzende Tätigkeit, die ganz und gar dem widerspricht, was seit Jahrtausenden auf der ganzen Welt, besonders in armen Ländern, praktiziert wird – das Teilen von Nahrung mit dem Gastfreund. Nur daraus ergibt sich das beglückende Gefühl von Freundschaft und Liebe, wie schon das Sprichwort *Liebe geht durch den Magen* sagt.

Ich will also lernen, meine Genußfähigkeit am Essen und fürs Leben zu trainieren. Ich will das kostbare Geschenk »gesunder Körper« nicht weiterhin mit Nahrung foppen, die ich ihm sofort wieder entreiße.

Ich will Achtung vor meinem Körper entwickeln, der nicht übergewichtig ist. Ich will meinen Haß auf meinen Körper, mein krankhaftes Mißtrauen gegenüber Gunstbezeugungen und Liebe und Zuneigung »ausspucken«, ein für alle Mal »erbrechen« und mich nicht stellvertretend an unschuldiger Nahrung vergehen.

Ich will die entsetzliche Spannung, in die ich geraten bin, durch Autogenes Training zu lösen versuchen, bei dem ich lernen kann, in Ruhe nach innen zu horchen und mich mit den biologischen Funktionen in meinem Körper anzufreunden.

Wenn ich das nicht schaffe, will ich mich einem Arzt oder Psychologen anvertrauen.

Ich setze einen Essensplan fest.

Ich habe keine kalorienhaltigen Süßigkeiten im Haus.

Ich mache mir einen Bewegungsplan.

Ich schreibe mir auf, was ich esse.

Ich esse bewußt und langsam.

Ich schmecke das Essen mit der Zunge.

Ich forsche nach den Ursachen meiner Nervosität.

4
Meine Freiheit sitzt im Darm
(Verstopfung – Obstipation)

Carola, Sophie und Paula arbeiteten seit einem Jahr zusammen in einer Bank. Da sie für ihre Begriffe nie Zeit genug zum Quatschen hatten, beschlossen sie, gemeinsam in Urlaub zu fahren. Sie wollten alles zusammen unternehmen, weil sie sich so gut verstanden – das hat man ja nicht oft.

Sie wollten nach Italien an den Strand fahren, aber auch etwas von der Gegend sehen. Genaue Pläne wollten sie aber erst dort machen, weil sie glaubten, es werde bei ihnen keinerlei Verständigungsschwierigkeiten geben, sie würden sich auf jeden Fall einigen können.

Nach einer Woche ihres Urlaubs waren sie aber zerstritten, Carola und Sophie zogen zusammen los; Paula blieb allein zurück. Wenn man nun glaubt, sie hätten sich alle in denselben Mann verliebt, könnte man vielleicht verstehen, daß die Freundschaft zerbrach.

Was geschehen war, war allerdings wesentlich unromantischer.

Paula kam einfach nicht in Gang. Abends nahm sie ihre obligatorischen Abführmittel, und morgens mußte sie so lange im Haus bleiben, bis sie »Erfolg« gehabt hatte.

In den ersten Tagen konnten Carola und Sophie nicht recht begreifen, mit welchen Schwierigkeiten ihre Freundin zu kämpfen hatte. Als sie es begriffen, waren sie sprachlos.

So sollte ihr gemeinsamer Urlaub aussehen? Sie sollten alle drei Paulas Verdauungstrakt beobachten, bevor sie an den Strand gingen oder mit dem Bus in die nächste Stadt fuhren?

Da Carola und Sophie sich über ihre Verdauung noch nie Gedanken gemacht hatten, waren sie jetzt sehr schockiert, hilflos und auch böse. »Das ist ja so, als wenn wir plötzlich aufpassen müssen, ob wir nicht aus Versehen zu atmen aufhören«, meinten sie.

Paula aber gestand ihnen unter Tränen, daß sie Abführmittel nehmen müsse, seit sie zum ersten Mal ihre Regel gehabt hatte. Auch ihre Mutter trank regelmäßig ihren Abführtee, und sie konnte kaum glauben, daß Carola und Sophie so ganz ohne Laxantien auskamen.

Das wiederum ärgerte die beiden. Im Streit sagten sie, sie könnten sich vom Modepüppchen Paula so einiges vorstellen, daß sie geizig war zum Beispiel, nicht aber, daß sie so einen Zirkus machte. »Laß doch einfach die verdammten Abführmittel weg, damit du die Freiheit hast, an den Strand zu gehen.«

Paula aber verteidigte ihre Angewohnheit mit Hingabe, als wäre es das Wichtigste auf der Welt.

Wie Paula geht es vielen Menschen. Irgendwann beginnen sie ihren Stuhlgang zu beobachten, können nicht glauben, daß es durchaus normal ist, nur drei bis zwölf Darmentleerungen pro Woche zu haben. Manche glauben, sie werden zu dick und versuchen dann, mit Hilfe von Abführmitteln oder Entwässerungsmitteln dünner zu werden. Oder junge Mädchen glauben, nach Beginn der Regel, eine »Reinigung« vornehmen zu müssen. In der Reklame werden Abführmittel auch so benannt, um die Käufer irrezuleiten. Andere ahmen einfach nach, was Eltern oder Freunde ihnen vormachen. Wie auch immer man in diesen Teufelskreis hineinkommt – herauszukommen ist schwer.

Wir wollen uns darüber klarwerden, daß der gesunde Darm bei gesunder Ernährung alles alleine macht.

Wenn nicht durch Operation oder Medikamenteneinnahme eine Verstopfung erfolgt, braucht man sich keinerlei Gedanken zu machen. Codein in Hustenmitteln, Psychopharmaka (starke Beruhigungsmittel etwa), Aspirin oder magensäurebindende Mittel können zu Darmträgheit führen.

Wir sprechen also mit dem Arzt, dem Apotheker und lesen den Beipackzettel des Medikaments. Nehmen wir diese Mittel vorübergehend, wird nach Absetzen des Mittels der Darm seine Tätigkeit wieder normalisieren.

Natürlich kann es sich hier auch um eine typische Folgekrankheit unserer ballaststoffarmen Ernährung und mangelnder Flüssigkeitszufuhr handeln. Wir achten also darauf, täglich einen bis eineinhalb Liter Flüssigkeit zu trinken, am besten Milch und Mineralwasser. Rohes Gemüse, Salat, Vollkornbrot, Zitrusfrüchte, Äpfel und Pflaumen sind gesund. Besonders Zwiebeln und Senf regen die Darmaktivität an. Wichtig ist auch regelmäßige Bewegung.

Auf keinen Fall beginnen wir Abführmittel zu nehmen, wenn überhaupt, eventuell ein leichtes Quellmittel. Bei Gebrauch von Abführmitteln verliert der Körper Kalzium, aber auch Kalium und Natrium. Bei Kaliummangel wiederum kommt es zu Darmträgheit. Die Katze beißt sich also in den Schwanz.

Wer schon lange Abführmittel nimmt, wird sich am besten von einem Arzt beraten lassen, wie er langsam aber sicher davon wegkommt. Nach langem Gebrauch sind die Darmwände so geschädigt, daß sie erschlaffen, oder es kann auch zu einer Verkrampfung der Darmmuskulatur kommen.

Wir beobachten uns einmal selbst. Welchen Stellenwert geben wir diesem Körpervorgang, und warum?

Ertappen wir uns dabei, klagend genau über unser Problem zu berichten, haben wir das Gefühl, nicht verstanden zu werden, obwohl wir doch wirkliche Schwierigkeiten haben? Kann es sein, daß wir den Arzt sogar anklagen, uns nicht helfen zu wollen? Fühlen wir Unterbauchbeschwerden, Brennen, Drücken und Zerren? Fühlen wir uns oft erst wieder gegen Abend besser?

Es ist ganz natürlich, sich mal voll, unangenehm zu fühlen – wir wollen also versuchen, diese Empfindungen mitzunehmen. Wir wollen sie nur so ernst nehmen wie gelegentliche Abgeschlagenheit.

Wir wollen keine Abführmittel nehmen, um den differenzierten, komplizierten Vorgang, der ohne unsere Willenssteuerung in unserem Körper vor sich geht, nicht weiter zu stören. Wir wollen unser Augenmerk mehr auf unser äußeres soziales Leben richten, versuchen, mit Freunden und Familienmitgliedern ein ungestörtes zwischenmenschliches Miteinander zu leben.

Wenn ich bemerke, daß ich auch sonst im Leben zu vorwurfsvoller Haltung neige, will ich mir mal über meine Empfindungen Klarheit verschaffen. Mein Darmtrakt klärt sich dann von selbst.

Wenn ich den Wunsch habe, verstanden, geliebt, beachtet und beschenkt zu werden, darf ich freundschaftliche Gesten auf keinen Fall weiterhin übersehen oder ablehnen.

Ich will meine Verschlossenheit nicht weiterhin kultivieren, mich öffnen, weich werden, so daß die inneren Vorgänge in meinem Körper analog verlaufen können.

Der Mensch lebt nicht vom Brot allein, wie wir wissen, alle Umwelteinflüsse nehmen wir genauso auf wie unsere Nahrung, und im Wechselspiel von Körper und Seele gedeihen oder verkümmern wir. Jeder Körpervorgang, dem wir zu viel Bedeutung zumessen, gewinnt ein Eigenleben:

Das aber will ich umdrehen, meine Körperfunktionen sollen mir, der Gesamtpersönlichkeit unterstehen, nicht ich ihnen. Die Natur hat alles weise so eingerichtet.

Ich will auch nicht stolz sein, meinen Stuhl zurückhalten zu können, wie Kinder es manchmal tun, wenn sie, verängstigt und hilflos, von der Mutter abhängig, diese quasi zu strafen suchen.

Ich will meine Kontaktstörungen abbauen, mein überangepaßtes Verhalten unter die Lupe nehmen und meinem oft ausweichenden Verhalten strenge Zensuren geben.

Mein soziales Verhalten ist der Schlüssel zu meiner beschwerdefreien Zukunft.

5
Mein Chef ist mein Magengeschwür

(Magengeschwür – Ulcus ventriculi)

Bernd Beyer ist bester Laune. Er sitzt mit seiner Frau Susanne am Frühstückstisch und läßt sich Zeit.

Seit 14 Tagen ist sein Chef verreist, und Bernd lebt sichtlich auf. Susanne kann zwar nicht recht begreifen, wieso Herr Erdmann sich so schwerwiegend auf Bernds Befinden auswirkt, zu ihr ist er immer sehr nett.

Als Bernd schon halb auf der Straße ist, geht er noch einmal zurück, um Susanne den allerletzten Abschiedskuß zu geben.

Unterwegs gibt es natürlich ein paar mehr rote Ampeln als sonst, aber so sehr regt ihn das auch nicht auf. Mit dem Fahrstuhl fährt er in den sechsten Stock, in dem sich das Architektenbüro Erdmann & Erdmann befindet. Bernd geht durch die Glastür, dann den Gang entlang, um in sein Büro zu kommen.

Fräulein Meyer hat ihre Tür offen; sie winkt ihm zu.

Aus Volker Steinbergs Büro tönt eine bekannte Stimme. Volker liebt es, den Chef zu imitieren. Bernd muß lachen, öffnet die Tür zu Volkers Raum und sagt: »Mußt du mir schon den Morgen versauen?« In diesem Moment sieht er, daß es Herr Erdmann persönlich ist, nicht sein Double.

Der Chef sieht Bernd an und sagt: »Ihr Morgen fängt aber ein bißchen spät an, Herr Beyer!«

Vorbei ist es mit dem warmen Gefühl im Bauch, vorbei mit dem Lachen. Bernds Magen dreht sich buchstäblich um. Hat sich Bernd nun schon innerlich darauf programmiert, beim ersten Auftreten seines Chefs Magenschmerzen zu bekommen?

Statt Herrn Erdmann lässig zu fragen, wieso er seinen Urlaub offensichtlich eher abgebrochen hat und ob etwas geschehen sei, reagiert er überängstlich und mit starker innerer Abwehr, die in keinem Verhältnis zum Vorfall steht.

Herr Erdmann ist von Bernds Erscheinen auch etwas irritiert und feuert seinen Begrüßungssatz ab.

Dumme Situation – aber mit einem lustigen Spruch wäre es aus der Welt zu schaffen gewesen. Stattdessen machen sich die beiden offensichtlich das Leben schwer. Der eine in der Rolle des Unterdrückers, der andere in der des Unterdrückten.

Wo immer solche Rollen gespielt werden, diese »Spiele der Erwachsenen«, haben alle Beteiligten am Drehbuch mitgearbeitet. Einer allein zeichnet nie als Autor.

Wenn wir uns selbst und unsere Körperhaltung etwa beobachten, erkennen wir es. So tritt Bernd seinem Chef mit einer anderen Haltung entgegen als der, mit der er sich von seiner Frau verabschiedet hat, und gibt so dem Chef unbewußt ein Signal, daß es jetzt an der Zeit wäre, ihn zu maßregeln. Der wiederum reagiert auch ganz unbewußt und sagt etwas, das er einem anderen Angestellten zu sagen sich nie trauen würde.

Wenn Bernd seine Arbeit ordentlich verrichtet, gibt es für ihn keinen Grund, den Chef als höhere Gewalt anzusehen oder gar zu fürchten. Der Chef braucht ihn genauso, wie er den Chef braucht.

Bernd muß also einsehen, daß der Grund für sein Magengeschwür woanders liegt. Er allein ist die Hauptperson in seinem Leben, und er muß einen Weg finden, seinen Körperfunktionen die richtige Unterstützung zu geben, damit sie problemlos miteinander arbeiten. Diese Unterstützung kommt aus seinem Geist, seiner Einstellung dem Leben gegenüber.

Das vegetative Nervensystem des Menschen arbeitet autonom, es wird nicht vom Gehirn gesteuert. Es wird auch »Eingeweide«-Nervensystem genannt, weil es alle automatischen Funktionen des Körpers überwacht.

Es gibt keine Schmerzen oder krankhaften Veränderungen, solange keine Störungen eintreten. So produziert der Magen stetig salzsäurehaltige Verdauungssäfte. Sehen wir leckere Speisen vor uns, läuft uns das Wasser im Munde zusammen. Der Körper beginnt also den Verdauungsvorgang einzuleiten, bevor der erste Bissen in den Mund geschoben wird.

Bei Störungen im vegetativen Nervensystem kann nun zuwenig Salzsäure gebildet werden, dann liegt das Essen wie ein Stein im Bauch.

Es kann aber auch zuviel Salzsäure erzeugt werden: das führt zu einer Übersäuerung, die sich in Sodbrennen, Aufstoßen oder Blähungen äußert. Die Übersäuerung ruft, wenn sie länger anhält, eine Magenschleimhautentzündung hervor, die bereits sehr unangenehm und schmerzhaft sein kann.

Schaffen wir es nicht, diesen Ablauf zu stoppen, so frißt sich der Verdauungssaft in meist trichterförmigen Wunden in die Magenschleimhaut, es entstehen Geschwüre, die außerordentlich schmerzhaft sind. Die Schleimhaut verdaut sich praktisch selbst.

Später kann es zu Blutungen und Perforationen kommen.

Wir kennen zwei Auslöser für diesen sinnlosen Prozeß: Einmal ist es ständig unterdrückter Ärger, zum anderen der unerfüllte Wunsch nach Behütetsein und Versorgtwerden.

Der Mensch hungert danach, von der »Mutter« liebevoll gefüttert zu werden, und der Körper bereitet alles darauf vor, als wenn die Fütterung sofort erfolgen würde.

Sie erfolgt aber nicht. Stattdessen muß er den heimischen Herd verlassen, um ins feindliche Leben hinauszugehen, sich dort zu bewähren, einen Platz zu erobern, eine angesehene, eigenständige Persönlichkeit zu werden.

Er gerät in Konflikt mit dem Erwachsenen-Image. Vom Erwachsenen werden Leistung und Unabhängigkeit erwartet, sein Körper aber bekommt von der Seele den Auftrag, seine tiefsten Wünsche zu erfüllen, nämlich mit Liebe bemuttert und gefüttert zu werden. Der Körper mobilisiert logischerweise die Magennerven, die nun ihrerseits veranlassen, den Verdauungssaft bereitzustellen.

Diesen selbstzerstörerischen Kreislauf kann nur ich selbst durchbrechen.

Mein Körper, in diesem Fall die Magenschleimhaut, kann nur heilen, wenn die Seele einen neuen, anderen Auftrag erteilt. Der richtige Auftrag wäre ein Wechsel der Speisekarte. Ich will nun nicht mehr liebevolles Kindermüsli essen, sondern ein mutiges Menü aus den Zutaten »Freiheit, grenzenlose Möglichkeiten, Entdeckerfreude«. Ich bin erwachsen, und der Schritt zurück ist unmöglich. Mein Menü der Zukunft soll mir von jetzt an schmecken.

Erwachsene haben Ärger, aber sie wissen damit umzugehen. Ich will den Ärger dauernd unterdrücken, weil ich mir nicht die Frage zu stellen wage, wer oder was ihn ausgelöst hat. Das aber will ich klären. Wenn ich weiterhin alles ängstlich miteinander vermenge, um mir aus der ganzen undurchsichtigen Suppe einen Sündenbock, in diesem Fall den Chef, herauszufischen, und mich dem auch noch unterwürfig nähere, muß ich mich nicht wundern, wenn mir mein selbstbereitetes Essen nicht nur nicht schmeckt, sondern mich auch noch krank macht:

Ich übersetze meine Kindheitswünsche in die Wünsche eines Erwachsenen.

Ich sortiere, welcher Ärger woraus entsteht.

Ich suche die Auseinandersetzung, um Klärung zu schaffen.

Ärgert mich ein Mensch, will ich nicht einen anderen zum Sündenbock machen.

Ich erkenne, daß ich mit meinem infantilen Verhalten nur mir selber schade.

Wie ich den teuren Geschmack auf Austern oder Kaviar entwickeln kann, kann ich auch den Geschmack auf Freiheit entwickeln.

6
Die Erfüllung aller Sehnsüchte fällt durch
(Dauerdurchfall – Colitis ulcerosa)

Als Marianne an einem Sonntag im Mai aus dem Fenster sah, hatte sie keine Frühlingsgefühle, sondern ernsthafte Selbstmordgedanken.

Dreiundzwanzig Jahre war sie alt, seit fünf Jahren war sie mehr krank als gesund. Mehrere Krankenhausaufenthalte hatte sie hinter sich, von ihrem grauenhaften Durchfall war sie nicht geheilt.

Nun war sie wieder zu Hause, bei ihren Eltern. Ihr Vater hütete sie wie seinen Augapfel, so sagte er gerne. Darum hatte er beim letzten Krankenhausaufenthalt ihr Zimmer umgebaut, neue Möbel gekauft. Marianne fühlte sich fremd in ihrem Zimmer. Fremd auf der Welt. Zum Sterben fremd.

Auf der Station hatte sie den Schwestern alle Arbeit abgenommen, die sie ihr überließen.

Einige Zeit lang hatte sie Gespräche mit einem Psychotherapeuten gehabt, danach war sie etwas widerspenstig geworden, hatte beim Besuch der Eltern geäußert, sie würde am liebsten allein wohnen. Aber ihre Mutter hatte sie undankbar genannt: »Nach allem, was wir für dich getan haben.« Und »Du kannst doch gar nicht allein leben.«

Marianne war ein Einzelkind, und natürlich gehörte sie nach Hause, ins Nest, das stimmte schon. Aber immer häufiger überfielen sie diese Selbstmordgedanken: »Dann wäre das ganze Elend vorbei, und meine Eltern könnten zufrieden weiterleben.«

Sie hatte durch den Dauerdurchfall stark abgenommen. Nichts half.

Jetzt hatte auch Lothar seine Besuche eingestellt. Das war auch besser so, denn er hatte leidenschaftliche Gefühle geweckt, mit denen sie nicht umgehen konnte. Außerdem mochte er ihre Eltern nicht, hatte Mariannes Leben zu Hause »krank« genannt.

Vor Jahren war Marianne mal glücklich gewesen. Sie arbeitete damals in einem Kaufhaus und hatte allen Kollegen gerne kleine Geschenke gemacht. Manche hatten zwar komisch reagiert, aber Lothar hatte sich in sie verliebt.

Marianne sehnte sich nach Geborgenheit, aber zu Hause wurde sie ständig beobachtet, als sollte sie ewig Vatis kleine Tochter bleiben.

Colitis ulcerosa ist eine chronische Entzündung des Dickdarms mit Durchfall, Blut, Eiter, Schleim im Stuhl und Geschwürbildung. Die akuten Schübe gehen mit hohem Fieber einher. Männer und Frauen leiden unter dieser Krankheit.

Die Colitis befällt meistens den Endabschnitt des Darmtraktes und breitet sich dann nach innen aus. Bei ungefähr zwanzig Prozent der Patienten ist das gesamte Kolon (Teil des Dickdarms) befallen. In Mittel- und Westeuropa registriert man fünf bis zehn Colitis-Fälle auf je 10.000 Krankenhausaufnahmen, in USA zehnmal so viele.

Die Ursache und Entstehungsweise der Krankheit ist noch immer ungeklärt. Einige Ärzte behandeln sie mit einer milcheiweißfreien Diät.

Die akute Colitis ulcerosa gehört immer in ärztliche Behandlung, da sie lebensbedrohliche Formen annehmen kann.

Wird der depressive Patient sich aber seiner seelischen Lage (Angst) und des daraus folgenden körperlichen Äquivalents (Durchfall) bewußt, kommt es zu Heilerfolgen. Die Psychologie beginnt immer beim Kleinkind.

So wird die erste Lebensphase die orale (zum Mund gehörig), die zweite die anale (zum After gehörig) genannt.

Ein Erwachsener, der sich den Anforderungen des Lebens nicht stellt, flieht rückwärts in einen Lebensabschnitt seiner Kindheit. Störungen in der Nahrungsaufnahme werden der oralen, Störungen der Ausscheidungsfunktionen der analen Phase, auf die er sich zurückzieht (regrediert), zugeschrieben.

Gleich nach der Geburt saugt der Säugling. Saugen ist seine größte Lust. Hat er genug gesaugt, ist er zufrieden. Später dann nimmt die Reinlichkeitserziehung eine zentrale Stelle ein. Das Kleinkind wird aufs Töpfchen gesetzt. Hat es etwas hergegeben, ist es für die Mutter eine »Bescherung«, sie lobt das Kind für seine Leistung.

Kaum hat der Mensch das gelernt, muß er umlernen. War gestern sein Kot noch wertvoll, wird er heute mißachtet, wird ekelhaft, schmutzig, abscheulich genannt. Das Kind darf seine »Bescherung« nun nicht mehr gut finden. Der Kot, der Besitz, die Leistung des Kindes bekommt eine andere Bedeutung und Bewertung.

Ist der Mensch ängstlich, weichlich, abhängig von der Mutter, gibt er alles: Durchfall. Später reagiert er bei Leistungsanforderungen mit Durchfall, er macht vor Angst in die Hose. Fühlt er sich abhängig, will er durch besondere Leistung einen Ausgleich schaffen. So erklärt sich hier auch der Zwang zu schenken.

Was aber bedeutet das alles für mich?

Es ist hier nicht der Werdegang eines anonymen Kleinkindes beschrieben worden, sondern meiner. Ich war dieses Kleinkind, angewiesen auf der Mutter Brust, ihre Hautwärme, ihre Liebe, ihre Zuwendung, ihre Zeit. Ich war es, die (oder der) staunend die ersten Rügen hörte, meines Kotes wegen. Ich habe darunter gelitten. Ich habe es nicht glauben können. Ich habe darauf mit Verweigerung (Verstopfung) reagiert, oder wenn ich das nicht wagte, mit Durchfall.

Es ist meine Geschichte.

Ich bin es, die (oder der) später eine Spur von Geschenken hinter mir ließ, wo immer ich das Leben anderer Menschen kreuzte. Ich habe versucht, Zuneigung durch Leistung zu erringen. Ich habe alles verschenkt, sogar meine Chance, eine starke aggressive Person zu werden, die auch einmal nein sagt und sich behauptet (= das Haupt oben trägt).

Aber tief drinnen habe ich schwerste Schuld- und Aggressionsgefühle, die sich jetzt selbstzerstörerisch gegen meinen Organismus wenden, mich auflösen.

Ich träume davon, mich mit der starken Person in meinem Leben symbiotisch zu vereinigen wie die Ameisen mit den Blattläusen (die sind von der Natur zur Symbiose geschaffen, der Mensch muß sich abnabeln).

Ich träume davon, dieser Person in den Hintern zu kriechen, ich will es jedem recht machen. Der Volksmund nennt mich »Schleimscheißer«.

Ich gebe die Konturen meiner Persönlichkeit auf, als wäre ich ein Einzeller. Spiegelbildlich dazu löst der Durchfall mit Schleim und Blut meinen Körper auf.

Ich träume davon, die Puppen tanzen zu lassen. Aus Angst versuche ich aber nichts dergleichen.

Äußerlich wirke ich emotionslos, als wäre alles in bester Ordnung.

Wenn ich etwas mutiger werde, reagieren meine Mutter, mein Vater, Ehemann, Ehefrau, Krankenschwestern verwundert, weil sie mich als anpassungswilligen Weichling kennen. Also vergrabe ich meine tiefe Depression noch besser, schmücke oder pflege mein Äußeres noch perfekter.

Ich stehe vor einer Entscheidung.

Soll die Krankheit mich buchstäblich auflösen, oder löse ich mich von meinem bisherigen Leben auf der analen Stufe, das mich so krank macht?

Leben ist Kampf ums Überleben. Nehme ich den Kampf auf?

Ich begreife mein Alleinsein in der Welt, mein Alleinsein mit mir und meiner Verantwortung für mich.

Ich will nicht von einem Menschen abhängen, sondern schrittweise auf alle zugehen. Aber: nicht als Diener, dauernd zu Diensten und nicht als Nikolaus mit dem Riesensack und tausend kleinen Päckchen.

Ich begreife, daß ich mir etwas kaufen wollte, was nicht zu kaufen ist: Zuwendung und Liebe.

Wenn mir diese Haltung in Fleisch und Blut übergegangen ist, wird mein Darm daran gesunden. Er muß nicht mehr für mich handeln, kann zur Ruhe kommen und ausheilen.

Wo man mich abschieben will, bleibe ich standhaft.

Wo ich Rechte habe, nehme ich sie wahr.

Wo ich bevormundet werde, werde ich mündig.

Wo man mich auf mein bisheriges ängstliches Kleinkindverhalten verpflichten will, breche ich aus.

Wo ich Angst hatte, den Mund aufzumachen, übe ich, meine Meinung zu sagen.

Wo ich Angst vor einem Verlust hatte, lasse ich es jetzt darauf ankommen.

7
Süße Weihnacht – bittere Galle
(Gallensteinleiden – Cholelithiasis)

Katja ist 47 Jahre alt und an einem kritischen Punkt ihres Lebens angelangt. Seit zwei Jahren ist auch ihr jüngstes, drittes Kind ausgezogen, und sie ist mit ihrem Mann allein. Sie hat sich noch nicht für eine neue Berufstätigkeit entscheiden können. Sie fühlt sich wie in einem Vakuum – nutzlos. Was daraus entsteht, heißt »Leeres-Nest-Syndrom«. Sie denkt zwar schon darüber nach, hält aber noch zu sehr an ihrem alten, gewohnten Leben fest.

Jetzt in der Adventszeit wird ihre Sehnsucht nach den alten, goldenen Tagen immer stärker; im Kreise der Familie soll es werden wie früher, keine Anstrengung will sie scheuen, nichts soll die Stimmung trüben. Sie beherrscht sich und will die Situation beherrschen. Sie backt Weihnachtsstollen und Plätzchen, kauft tagelang ein, plant ein Weihnachtsmenü, plant um, will alles perfekt haben, schmückt die Wohnung.

Dann treffen die Kinder ein, aber die sitzen vor dem Fernseher und knabbern Plätzchen, statt bei der Mutter in der Küche zu sitzen und ihr Bedürfnis nach Nähe zu stillen.

Katja beherrscht sich, arbeitet auf die Stunden am Heiligen Abend hin, in denen dann alles so herrlich sein wird, wie sie es wünscht. Der Baum steht geschmückt.

Am frühen Abend wird das Essen serviert, alle sitzen um den Tisch, das Radio spielt Weihnachtslieder, der Zeitplan stimmt, alles scheint zu stimmen. An diesem Abend bereitet der Ehemann den Espresso, was er sonst nicht tut. Mit dem Kaffee setzen sie sich bei einbrechender Dunkelheit auf die Sofas, die Kerzen werden angezündet, die Geschenke ausgepackt, das Radio spielt Weihnachtslieder, irgend etwas warnt Katja, den Espresso zu trinken. Aber sie hat ihn immer getrunken, und diesmal hat Franz ihn gekocht.

Kurz darauf fühlt Katja einen Druck in Höhe des Brustbeines – sie hat keine Ahnung, was es sein könnte, ein unbekannter Schmerz beginnt sich aufzubauen und in die Schulterblätter auszustrahlen. Der Schmerz wird stärker und ist nach einigen Stunden so heftig, daß Katja nicht mehr weiß, wie sie sitzen oder liegen soll. Um ein Uhr nachts fahren Mann und Sohn sie ins Krankenhaus. Ein EKG wird gemacht, aber das Herz ist es nicht. Katja hat eine Gallenkolik – und das am Heiligen Abend.

Wie konnte es dazu kommen? Gallenkoliken treten nicht nur Weihnachten auf, obwohl zuviel des guten Essens ein Auslöser sein kann.

Katja wird lernen, darauf zu achten. Sie wird beginnen, mit ihrer Krankheit zu leben. Der Schmerz war so übermächtig, so andauernd, daß sie versuchen muß, mit Diät, mit dem Vermeiden von Fett und Kaffee die nächste Kolik, die jederzeit auftreten kann, aber nicht auftreten muß, sich nicht entwikkeln zu lassen.

Worüber sie zunächst nicht hinwegkommt, ist dies: »Warum ausgerechnet zu Weihnachten?«

Weihnachten ist das Fest der Stille, die Zeit der Versöhnung, der Harmonie. Unsere Kultur ist ohne Weihnachten nicht denkbar.

Auch erwachsene Kinder streben nach Hause, um Weihnachten bei Mutter, im Kreise der Familie zu feiern, sich verwöhnen zu lassen, sich gehen zu lassen, fröhlich zu sein.

Die Erwartungshaltung aller wird so groß, daß es fast zwangsläufig zu einem Bruch, dem Einbruch der Realität kommen muß. Zu Weihnachten tritt unter diesem Streß die Enttäuschung schneller ein als sonst. Unser Innerstes will Liebe, Harmonie, Verständnis. Wir schenken und wollen beschenkt werden. Wird eines unserer Geschenke nicht richtig gewürdigt oder gar unausgepackt liegen gelassen, schrillen die Alarmglocken.

Der programmierte Mißerfolg führt zu einem dramatischen Druck. Der mürrische Ehemann will Weihnachten nicht netter sein als sonst, die unausgefüllte Ehefrau beherrscht sich und will andere beherrschen, zumindest will sie die Situation beherrschen, wofür sie vorher sklavisch arbeitet. Er will Ruhe, sie will aber nun auch einmal verwöhnt werden.

Man streitet an Weihnachten nicht; so wird Weihnachten ein Synonym für aufgestauten Streß. Eine kritische Zeit, in der sich die Kluft zwischen Gebenmüssen und Habenwollen auftut, was wir auf keinen Fall wahrhaben wollen. Jeder von uns kennt dieses Drama, Weihnachten gibt es oft Tränen.

Wenn Tränen fließen, ist es noch gesund, weil der Körper sich ein Ventil sucht. Um zu vermeiden, daß es zu einer dramatischen Kolik kommt, die nicht nur durch das Festessen ausgelöst wird, will ich lernen, die »Weihnachtsbotschaft« zu verstehen: Erlösung kommt nur, wenn ich mich löse, loslöse, loslassen kann, um aufzunehmen.

Liebe und Harmonie kann sich nur zwischen freien Menschen entwickeln – in gegenseitiger Achtung und gegenseitigem Verständnis. Da ich nicht immer erwarten kann, daß meine Familie mich versteht, will ich lernen, zu sprechen und mich nicht immer zu beherrschen, wobei ich erkenne, daß daraus eine Märtyrerhaltung entstehen kann, mit der ich die anderen wortlos zwingen will.

Ich will nicht unbedingt Streit vermeiden, denn es ist besser, Kummer statt Galle auszuspucken.

Ich will beginnen, mir selbst zu helfen, indem ich ganz klar Bestandsaufnahme mache und mich mit den Anforderungen meines speziellen Alters und Lebensabschnittes auseinandersetze. Meine Galle wird es mir mit stetigem Gallenfluß danken, den sie für die Nahrungszufuhr bereithält. Ich aber will sie nicht überfordern. Eine ausgewogene Diät hilft, wie tägliche Spaziergänge, nicht nur dem Verdauungstrakt, sondern dem gesamten Körper. Ich fühle mich leichter, beschwingter, die Haut wird klarer, das Gewebe straffer, meine äußere Erscheinung gefällt mir besser, und wenn ich mit mir zufrieden bin, rebelliert auch meine Galle nicht mehr.

Jeder siebte Bundesbürger hat Gallensteine, viele wissen es nicht. Man operiert die Gallenblase nur heraus, wenn es gar nicht anders geht, wenn ständige Koliken zu Reizungen und Entzündungen führen; man operiert aber in einer beschwerdefreien Zeit, da es zu kritisch ist, im Notfall in eine Entzündung hineinzuschneiden. Ich vertraue aber darauf, mit meiner Galle selbst zurechtzukommen und warte nicht, bis sie überläuft.

Statt süßer Säfte trinke ich bitteren Gallentee und merke, wie gut er mir tut. Fühle ich einen Druck sich aufbauen, nehme ich Gallentropfen – auch aus Bitterstoffen – ein, und der Druck läßt nach.

Auch hier zeigt sich, wie wichtig das Gleichgewicht von angemessener Nahrungsaufnahme, Wohlbefinden, Zufriedenheit und Selbstachtung ist, wie sich daraus ein Kreislauf entwickelt, der sich selbst speist:

Ich werde mir über meine Motive klar.

Ich liebe meine Familie das ganze Jahr und zeige es nicht nur zu Weihnachten und nicht nur durch perfekte Menüs.

Liebe und Harmonie kann ich nicht erzwingen, sie stellen sich von selbst ein, wenn ich sie in mir fühle.

Harmonie entsteht nur unter freien Menschen.

Ich will mich nicht mehr selbst beherrschen, sondern frei meine Wünsche äußern, statt sie unverdaut herunterzuschlucken.

8
Die Blase zögert, die Frau wehrt sich

(Störungen der Blasenentleerung – Miktionsstörungen)

Lisa hatte ihre drei kleinen Kinder schnell ins Bad gebracht, mit ihrem Mann fast Streit bekommen wegen der Hetze und war ins Theater geeilt, um ihre Freundin Anita nicht warten zu lassen.

Anita war immer in Eile, sie war eine aktive Frau, Dolmetscherin, dauernd auf Reisen, und für Lisa brachten die Verabredungen mit der erfolgreichen Anita einen Duft von Freiheit in ihr Kinderzimmerleben.

Jetzt stand Lisa da, etwas erhitzt, und wartete.

Da kam Anita, hauchte ihr einen Kuß auf die Wange und verschwand in Richtung WC. Lisa wartete weiter. Dies kannte sie schon. Endlich erschien Anita wieder und sagte fast atemlos: »Morgen fahre ich nach Paris, zu einer Tagung. Ich werde auch Knut dort treffen.«

»Da nimm dir aber den Michelin über die 50 schönsten WCs der Stadt mit, sonst überstehst du den Besuch wohl nicht.«

Peng! Anita zog eine Augenbraue hoch und entschied sich dann, doch lieber zu lachen. »Und was soll das mit Knut? Ich denke, das ist endgültig abgehakt? Haben wir nicht monatelang diesen Herrn und eure Beziehung diskutiert, und hast du nicht entschieden, daß er dich nun genug ausgenutzt hat?« fragte Lisa etwas hitzig.

»Ach Lisa, ich habe beschlossen, daß ich an meiner Eifersucht arbeiten muß. Sie frißt mich auf.«

»Was?« fragte Lisa entsetzt, »an deiner Eifersucht? An seinem lausigen Benehmen solltest du arbeiten!«

Dann begann die Vorstellung, und die Diskussion war vorerst beendet.

In der Pause eilte Anita auf die Toilette, und als sie wiederkam, grinste Lisa sie kämpferisch an und sagte: »Du solltest dich mal richtig ausheulen und dein Leben ändern, dann müßtest du nicht dauernd auf die Toilette rennen.«

»Er hat mir alles erklärt, und ich weiß jetzt, daß es meine Schuld war, daß er mit der anderen Frau eine Liaison hat.« Nun wurde Lisa aber endgültig böse.

Die Vorstellung ging weiter, Lisa konnte gar nicht das Ende abwarten. »Ich muß mit dir reden. Nach dem Theater gehen wir in die Weinstube.« Anita wollte sich dem entziehen, aber Lisa bestand auf einer Aussprache. »Es ist besser, du kommst morgen müde in Paris an als blind.«

Der sonst so durchsetzungsfähigen Anita verschlug es die Sprache. Lisa redete wie eine Mutter. Typisch. »Sag mal, hörte ich richtig? Sagtest du, daß er noch eine Liaison hat statt hatte? Hat der Kerl es wieder geschafft, dir seine Version von Realität zu verkaufen? Und du gibst wieder deine Realität auf und suchst auch noch die Entschuldigungen für ihn, statt zu sagen – entschuldige den Ausdruck –: verpiß dich!?!«

Anita traten Tränen in die Augen, und die beiden Frauen umarmten sich nach einem langen Gespräch.

Reizblase und Harnweginfekte sind die häufigsten psychosomatischen Erkrankungen der Frau, die in der Praxis der Urologen zur Sprache kommen.

So wie das Schulkind, das plötzlich wieder in die Säuglingswindelphase zurückfällt, wenn es zum nächtlichen Bettnässer wird, zieht sich der Erwachsene in die Vergangenheit zurück, um dem Konflikt der Gegenwart auszuweichen.

Der Bettnässer reagiert seinen Streß nachts ab und zwingt die tagsüber zu ferne Mutter, sich um ihn zu kümmern, wie damals, als sie seine »Geschäfte« immer kommentierte, zuerst mit Lob, später mit Tadel. So übt der Bettnässer nachts Macht aus über die, denen er sich tags fügen muß.

Die Frau mit der Reizblase übt auch eine gewisse Macht aus, all ihre Freunde sammeln im Laufe von Jahren eine Menge Stunden an, die sie vor »allen Toiletten dieser Welt« haben warten müssen. Die Kranke aber zögert wie ihre tröpfelnde Blase. Sie entscheidet sich nicht für eine natürliche Aufnahme oder Abgabe.

Halbherzig vollzieht sie auch den Geschlechtsverkehr. Hingabe fällt ihr schwer, ebenso auch die Aufnahme des Mannes, so daß es bei vielen Patientinnen genau 36 Stunden nach dem Koitus zu einer Harnröhrenentzündung kommt.

Warum? Auf subtile Beziehungsstörungen reagiert die »Lustphysiologie« mit Scheidentrockenheit; der Körper wehrt sich gegen das Eindringen, weil die Frau sich nicht völlig hingeben will, sondern lieber Distanz hält. Sie meint es seelisch, der Körper wörtlich.

Der Urogenitaltrakt hat drei Aufgaben: die Produktion und Ausscheidung, die Aufnahme und Reproduktion, und zudem ist er noch ein Lustorgan.

Wo so wichtige Funktionen somatischen und die Psyche beeindruckenden Geschehens zusammenkommen, ist es verständlich, daß Verständigungsschwierigkeiten auftreten können wie im verbalen Bereich. Und gerade das, was im menschlich-verbalen Bereich unausgesprochen bleibt, wird hier übersetzt.

Dem Urologen schildern die Patientinnen ihre körperlichen Beschwerden: Pollakisurie (Oftharnen), Harnverhalten, Brennen beim Harnen, Inkontinenz (Unvermögen, Harn zu halten) und die chronisch-rezidivierende Urethrozystitis (wiederkehrende Harnröhrenentzündung).

Es sind Anzeichen depressiver Verstimmung. Die gekränkte Gemütsverfassung, das Gefühl der Verlassenheit sucht hier einen Aus-weg, dem der Mensch in seiner Realität des täglichen Lebens keinen Platz einräumen will.

So weinen die Harnorgane still und stetig, die Scheide aber wehrt sich.

Der Koitus ist ein subtiles Geschehen, an dem zwei Körper und tausend Gedanken beteiligt sind, die sich berühren und bei einer falschen Geste wieder voneinander entfernen.

Erinnerungen an geschehene Kränkungen werden wach, werden aber unterdrückt, der Wunsch nach Verschmelzung kämpft mit dem Wunsch nach Selbstbehauptung.

Diese Frau will sich nicht selbst aufgeben, weil er vielleicht der falsche Partner ist. Ihr stetiger Harndrang verlangt nach Selbstaufgabe, danach, alles herauszulassen, wie einen erleichternden, guten, warmen Strahl.

Dieser Typ will sich nicht zu einer Bindung entschließen, gleichzeitig bastelt sie an einer kämpferischen »Kollusion«, einem geheimen, betrügerischen Einverständnis, den Partner mit sich machen zu lassen, was er will. Sie entschuldigt sein Verhalten und knüpft so auf sadomasochistische Weise den Strick, mit dem er sie fesselt.

Sie hilft ihm, sie zu mißbrauchen, und ihre »Schulmädchenblase« zeigt ihr hilflos kindliches Verhalten, während sie Angst hat, in die Regression (rückwärtsgewandte Flucht) zu verfallen.

Jeder Wanderer, der endlich eine Toilette aufsuchen kann, weiß, wie wohlig und tröstlich das Gefühl ist, die Blase vollständig zu entleeren. Die Reisende von WC zu WC gönnt sich diese Erleichterung nicht.

Sie ist gereizt; Reiz aber hat positive und negative Bedeutung.

Folgt sie dem sexuellen Reiz, den ein Mann ausübt, der nicht ihr Freund ist, reagiert der Körper gereizt. Daß der Mann nicht ihr Freund sein kann, weil sie es aus Angst nicht zuläßt, macht die Sache nicht besser:

Ich werde mir dieser Problematik bewußt.

Ich will mich bewußt und bis auf den Grund ausheulen.

Ich will über meine Liebe sprechen.

Ich will über meinen Haß sprechen.

Ich will mich dann entspannen.

9
Ich schweige – meine Zähne knirschen

(Zähneknirschen – psychosomatische Besetzung der Mundregion)

Else saß mit angezogenen Beinen in einem großen Sessel. Ihr langes blondes Haar fiel wie ein dichter Schleier über die Schultern, sie fühlte sich wie die zierliche kleine Seejungfrau, die in Kopenhagen am Wasser sitzt – so unglücklich verliebt war sie.

Ihr kurzes Strickkleidchen verstärkte noch den Eindruck puppenhafter Zerbrechlichkeit.

Ihre zwei jungen Töchter waren jetzt schon so groß wie sie. Sie hatten die Gestalt des Vaters geerbt, von dem Anita geschieden war.

In einem zweiten Sessel saß Hartmut, ihr Freund. Beide achteten auf das Fernsehprogramm, sie hatten miteinander gestritten. Plötzlich sprang Hartmut auf: »Ich gehe spazieren«, sagte er. Die Wohnungstür klappte hinter ihm zu.

Er meldete sich drei Tage nicht. Als Else es nicht mehr aushielt, rief sie ihn an. Sie wollte wissen, was er denn habe.

»Nichts« antwortete er. Dann aber überlegte er es sich anders: »Du spielst die Puppe, die überspannte Puppe, du willst dich nicht richtig aussprechen, dann wieder dein dauerndes unerträgliches Zähneknirschen, das ist aggressiv. Ich kann das nicht mehr hören, und ich will es nicht mehr hören. Ciao!« Er legte auf.

Else war sprachlos. Schon wieder! Immer geschah es auf dieselbe Weise. Alle ihre Freundschaften mit Männern und Frauen begannen so herrlich. Sie wurde verwöhnt und fühlte sich wohl wie ein Kind. Sie war früh verwaist und genoß daher diese Zeit immer sehr. Später warfen sie ihr Aggressivität vor, und dann war jede Liebe oder Freundschaft zu Ende.

Sie selbst sah sich als unschuldiges, hilfloses Wesen, ausgeliefert einer verständnislosen Welt. Für ihr Zähneknirschen konnte man sie doch nicht auch noch verantwortlich machen! Manchmal war sie neidisch auf all die anderen, die keine Probleme hatten. Und manchmal war sie schrecklich wütend. Aber ihr Bild von sich ließ es nicht zu, daß sie ihre inneren Gefühle zeigte. Sie war unverstanden und unglücklich.

Sie mußte auf eigenen Beinen stehen, aber sie wußte nicht, wie sie das tun sollte, niemand hatte es ihr vorgemacht. Ihr war zum Heulen zumute, statt dessen knirschte sie mit den Zähnen oder knackte mit dem Kiefer.

Wenn die Zähne nicht richtig aufeinanderliegen, kann es zu Zähneknirschen kommen, als wolle die Natur es ausgleichen. Helfen kann aber hier nur der Zahnarzt, der die Kauflächen einschleifen kann. Das kann eine langwierige Behandlung sein. Manchmal wird das Zähneknirschen und das Kieferknacken dadurch behoben, aber bei weitem nicht immer.

Psychosomatisch betrachtet ist die Mundregion extrem empfindlich gegen Störungen. Die Mundschleimhäute, die Kaumuskulatur und die Zunge bilden ein Instrumentarium, das vom ersten Lebensmoment an in Aktion tritt und Reize mit Bewegung beantwortet.

Das Neugeborene saugt mit Hingabe als gelte es das Leben.

Und so wichtig ist es auch: Es geht nicht nur um die Nahrungsaufnahme, sondern um den befriedigenden Kontakt mit der warmen Mutterbrust.

Wird das Neugeborene nicht befriedigt, ist es vom ersten Moment an bereit zu schreien. Es reißt den Mund auf. Die Mutter kann am Mund ihres schlafenden Kindes genau ablesen, was es fühlt, es drückt ohne Worte sehr viel aus.

Im späteren Leben ist der Mundbereich zuständig für Schmecken, Beißen, Lächeln, Sprechen, Küssen und Kauen. Für diese Tätigkeiten ist eine gewisse Muskelspannung erforderlich, die vom Körper bereitgestellt wird. Die Muskelspannung im Gesicht ist übrigens bei Frauen deutlich höher als bei Männern. Wer nun immer »die Zähne zusammenbeißen« muß, selbst wenn er »auf dem Zahnfleisch geht«, wird sich nicht wundern, wenn diese Anstrengung dem Körper so vertraut wird, daß er eine dauernde Muskelspannung bereitstellt, so lange, bis die Muskulatur verkrampft ist. Das führt dann zum Zähneknirschen. Gelöst werden kann diese Spannung nur, wenn der Gesamtkomplex Mensch mit seinen Empfindungen gelöst ist. Wenn er etwa nicht an »Unverdaulichem« zu knacken und zu kauen hat – im wörtlichen wie im übertragenen Sinne.

Das Urerleben in der Zweier-Union Mutter-Kind setzt natürlich den Maßstab, an dem die kindliche Seele erkennt, wann sie gestillt ist. Ein sprichwörtlich »satter Säugling« (voll Liebe und Nahrung) »weiß«, wann er ablassen und voller Frieden einschlafen darf. Dieses Wissen bleibt ihm sein ganzes Leben lang erhalten.

Ist aber in der ersten Zweierbeziehung etwas gestört, reagiert das Kind irritiert, dann wird das komplizierte Wesen Mensch lange Zeit nicht wissen, was es zu seiner Sättigung tun kann und wann es satt ist.

Im späteren Leben erwartet er mit angespannter Muskulatur eine Sättigung seines Hungers (nach Leben und Liebe), ein Stillen seines Durstes (nach Wissen und Glück). Da er mehr erwartet, als er bekommt, bleibt die Verspannung bestehen, er wird also nie oder selten den Zustand des »satten Säuglings« erfahren. Stattdessen kann es zu Durchschlafstörungen kommen, und er kann morgens mit Zahnschmerzen aufwachen.

Da es unschicklich ist, den Mund aufzureißen, »spucken« wir vieles nicht aus, sondern »schlucken es hinunter«. Manchmal »spucken wir Gift und Galle« oder sind »verkniffen« und »kriegen die Zähne nicht auseinander«. Für diese emotionale Arbeit muß dann der Mundbereich einspringen und Übersetzungsarbeit leisten.

Außersprachliche Verhaltensreste kommen hier zum Ausdruck, etwa, wenn uns der »Unterkiefer runterfällt«. Da sind wir dann sprachlos, aber im Mundbereich hat sich eine Menge abgespielt, die Emotionen finden Ausdrucksformen, die der Betrachter sehr wohl versteht.

Es ist also gar nicht so abwegig, wenn Elses Freund ihr Zähneknirschen so deutet, wie er es empfindet. Nun wird nicht jeder es so deutlich aussprechen wie dieser Freund, dem sie vielleicht ein Rätsel bleibt, der aber gefühlsmäßig weiß, daß er diese Schale nicht knacken kann und sich also entfernt.

Menschen wie Else sind oft fleißig, ehrgeizig und pünktlich, sie haben gelernt, Contenance zu bewahren und haben Schwierigkeiten beim konstruktiven Streiten.

Sie sind sich eines Problems bewußt, sehen aber keine Lösungsmöglichkeiten. Ihre Affekte (Gemütsbewegungen) zeigen sich allerhöchstens affektiert (geziert).

Ich muß also erkennen, daß mein Streben nach Unabhängigkeit bis jetzt nur zu einer Pseudounabhängigkeit geführt hat.

Wenn ich als Kind Liebesarmut und Einschränkung erfahren habe, will ich mir klarmachen, daß ich als Erwachsener dafür nur entschädigt werden kann, wenn ich Liebe gebe. Nur in Offenheit und aktivem Austausch kann ich gelöster werden und meinem persönlichen, privaten Streß entfliehen.

Ich muß lernen loszulassen, bevor ich jemanden halten kann.

Wenn ich allein diese Umkehr nicht schaffe, weil ich nicht weiß, wo ich anfangen soll, will ich zur Beratung gehen und mir auch im Leben helfen lassen:

Ich muß ganz von vorne erlernen, was ich als Kind hätte lernen sollen. Mit Vertrauen und Offenheit das Leben zu betrachten und die positiven Zeichen und Taten der anderen freudig entgegennehmen, sie mit Kinderlächeln zu beantworten und so die Mutter-Kind-Interaktion nachzuvollziehen.

Ich werde liebe und verläßliche Freunde erwerben, wenn ich ein lieber, verläßlicher Freund geworden bin.

Ich übe vor dem Spiegel alle positiven Bewegungen, zu denen mein Mund fähig ist, damit sich die Verkrampfung in der Muskulatur löst.

10
Ständig unter Strom und Streß
(Bluthochdruck – Hypertonie)

Rudolf ist als Cowboy verkleidet. Er ist ein vitaler Mann von fast 60 Jahren, und weil es mal wieder schnell gehen mußte – Geduld ist nicht seine Stärke –, hat er sich nun doch nicht als Zeus oder Caesar verkleidet, sondern als Cowboy.

Er ist klein, etwas rundlich und hat ein rotes Gesicht. Aber er ist nicht totzukriegen, weder beim Arbeiten noch beim Feiern. Im Partykeller der Freunde trifft er dann auch auf ein Cowgirl, welches er schon zufällig vor einer Woche kennengelernt hatte, sonst sind ihm fast alle Anwesenden fremd.

Natürlich tanzt Rudolf mit dem Cowgirl, welches ihm gleich erzählt, es hätte eigentlich als »kleine Meerjungfrau« kommen wollen. Das hätte auch besser zu ihr gepaßt. Sie ist zwar etwas groß, um eine »kleine Meerjungfrau« abzugeben, aber schmal, zart und sehr schön mit ihren langen blonden Haaren. Sie heißt Silvia und ist dreiunddreißig. Jedenfalls ist sie kein robustes Cowgirl.

Da Rudolf immer sehr direkt ist, fragt er Silvia, warum sie

denn vor einer Woche beim Internisten war, und zu seiner Verwunderung antwortet sie: »Ich habe Bluthochdruck! Bemerken Sie denn nicht mein Temperament? Außerdem ist es nicht charmant, eine Frau das zu fragen!« Er sagt noch: »Na, dann sind wir ja Leidensgenossen«, und dann ist der Tanz zu Ende.

Er stellt sich neben seine Frau an die Bar, bestellt sich einen kräftigen Drink und ist böse wegen Silvias Abfuhr. Als seine Frau mißbilligend auf sein Glas guckt, leert er es mit einem Zug, bestellt einen zweiten Drink und poltert los: »Was seid ihr Weiber doch für Zicken!« Aber seine Frau ist diese Ausfälle gewohnt, sie zuckt nur die Achseln und geht weg.

Rudolf trinkt weiter, tanzt und regt sich über Politik auf, und die schöne Silvia wird noch mehreren Tänzern, die mit ihr flirten möchten, rätselhaft bleiben.

Was haben nun die beiden Texaner gemeinsam? Wie konnten sie dieselbe Krankheit entwickeln? Bluthochdruck-Patienten sehen eher aus wie Rudolf. Sie neigen zu Übergewicht, trinken gern zuviel, nehmen ungern ihre Medikamente, weil sie ihre Vitalität damit dämpfen, poltern los, um Dampf abzulassen, denn sie stehen ständig unter Strom.

Die Meerjungfrau hingegen scheint aus so ganz anderem Material zu sein. Aber wir haben eine gewisse Ängstlichkeit bei ihr beobachtet, die sie hinter Arroganz zu verbergen sucht.

Beim Blutdruckmessen geschieht Folgendes: Der Arzt pumpt soviel Luft in die Arm-Manschette, bis der dadurch entstehende Druck die Arterien so flachdrückt, daß kein Blut mehr strömen kann. Mit dem Stethoskop hört er nun keinen Herzschlag mehr. Vermindert er den Druck in der Arm-Manschette, beginnt wieder Blut zu strömen, der Herzschlag wird hörbar. Das Manometer zeigt den systolischen Druck beim Zusammenziehen des Herzens an. Wird der Druck in der Manschette so schwach, daß die Arterienwand nicht mehr zusammengedrückt wird, und das Blut wieder frei strömt, so zeigt der letzte hörbare Herzschlag den diastolischen Gefäßdruck an, den Druck in der Erschlaffungsphase des Herzmuskels, der ständig pumpt. Der systolische Druck gibt den oberen, der diastolische den unteren Wert an. Werden die Adern nun aber durch Ablagerungen enger und weniger flexibel, erhöht sich der Druck wie in einem harten, brüchigen Gartenschlauch.

Dieser Zusammenhang leuchtet uns ein. Was wir uns aber kaum vorstellen können, ist, daß durch Angst und Streß die Adern ebenfalls verengt werden. Hält diese Angst lange unterschwellig an, so hält auch der Druck an.

Ein Mensch, der unter ständiger seelischer Anspannung lebt, lebt gefährlich. Die Natur hält nämlich Streßhormone bereit, die im Ernstfall ausgeschüttet werden, damit der Mensch spontan fliehen kann.

Diese Einrichtung war für unsere Vorfahren der Frühzeit lebensrettend. Sie mußten sich vor wilden Tieren und Naturgewalten in Sicherheit bringen.

Die wilden Tiere der Neuzeit lauern im Dschungel der Großstädte und bedrohen uns genauso. Sie heißen: Verlassenwerden, Einsamkeit, Altwerden, Armut, Arbeitslosigkeit, Überforderung, Unfall, Tod eines geliebten Menschen.

»Frustra« heißt »vergebens«. Wer vergebens versucht, vor diesen wilden Tieren wegzulaufen, entwickelt Frustrationen. Frustrationen lähmen und die Natur schüttet Streßhormone aus, um uns die Flucht zu ermöglichen. Die Adern verengen sich, der Blutdruck steigt, die körperliche Flucht findet aber nicht statt und der teuflische Kreislauf bleibt bestehen. Der Mensch wird energischer und aggressiver.

Entspannung tut not. Aber wie? Der geplagte Mensch kann nicht einfach zur Ruhe kommen, weil seine Gedanken nicht zur Ruhe kommen.

Rudolf schafft sich ein Ventil. Wenn vor Wut seine Adern anschwellen, brüllt er los; so lebt er trotz erhöhten Cholesterinspiegels und Alkohol- und Kaffeekonsums eventuell sogar gesünder als Silvia, die innerlich vor Angst und Wut kocht, es aber nicht zeigen will und sich hinter eine Wand von Arroganz versteckt. Ihr Wunschkostüm der »kleinen Meerjungfrau«, die sich mit einem Fischschwanz unter Gehenden bewegen muß, hätte ihre Gefühle gut zum Ausdruck gebracht.

Diese Menschen müssen lernen, trotz ihrer zarten Seele an der täglichen Rallye zum Erfolg teilzunehmen. Das ist gar nicht schwer, denn sie nehmen ohnehin daran teil, nur glauben sie beim Start, alle außer ihnen würden das Ziel erreichen. Gehen sie sogar als Erster durchs Ziel, glauben sie es immer noch nicht. Sie leiden an Antizipationsangst (Erwartungsangst) und trauen sich nichts zu. Sie erwarten immer das Schlimmste.

Das will ich nun ändern. Ich will meine geistige Haltung ändern, damit mein Körper gesunden kann.

Ich mache mir klar, daß ich weder häßlicher noch dümmer noch fauler als die anderen bin.

Silvia traute noch nicht einmal ihrem Spiegelbild, mir soll das nicht passieren. Ich will Selbstvertrauen in meine Person haben, mich auf mein Inneres besinnen, mein unverwechselbares Ich leben lassen und erleben:

Ich will keine Angst haben, verlassen zu werden, will offener mit meinen Mitmenschen sein, nicht hinter ihrer Freundlichkeit oder ihren Komplimenten eine Verschwörung wittern.

Ich will mir kleine Ziele stecken, mich an meinen kleinen Erfolgen freuen, mich loben.

Ich will mich nicht unnötig für und um andere sorgen, Mann und Kinder etwa, Eltern, Geschwister oder Nachbarn.

Ich will meine Funktion im sozialen Gefüge erleben. Aus meinem Mißtrauen soll Vertrauen werden.

Ich werde mir meiner ewigen inneren Fluchtwünsche bewußt und übe, standzuhalten, anwesend zu sein, Liebe auszutauschen, denn nur der Mensch, der sich selbst liebt, kann auch andere lieben. So einfach ist es.

11
Routine macht mir bang ums Herz

(Herzinfarkt)

Hans wird mit Ende vierzig von seiner Firma ins Ausland geschickt. Für drei Jahre. Seine vitale Frau Annette gibt schweren Herzens ihren Beruf auf. Dann leben sie sich im sonnigen Süden aber gut ein und passen sich dem Lebensstil dort an, der anders ist als im Reizklima unseres Nordens. Es zeigt sich, daß Hans gar nicht viel zu tun hat, also spielt er Golf, um Kontakte zu knüpfen, schwimmt regelmäßig, scheint ausgeglichen und zufrieden. Er ist ein liebenswürdiger, freundlicher Mann, den alle gern haben. Da die Drinks auf den Cocktailparties sowieso fast nur aus Wasser und Eis bestehen, nimmt er wenig Alkohol zu sich; er raucht auch nicht. Er arbeitet im Garten und lebt wirklich sehr gesund.

Von Freunden und Bekannten werden die beiden um diese lange Urlaubszeit beneidet. In den Semesterferien kommt die erwachsene Tochter zu Besuch. Sie reisen ein wenig, um Land und Leute besser kennenzulernen, denn das ist die Aufgabe eines Repräsentanten im Ausland.

Die Zeit vergeht schnell und die Familie kehrt in die Heimat zurück. Leider haben die Mieter ihr Haus sehr verwohnt, worüber Hans sehr ärgerlich ist. Aber Annette macht sich gleich ans Tapezieren, und in absehbarer Zeit wird alles in Ordnung sein.

Hans lebt gesund, schwimmt regelmäßig, ist froh, wieder zu Hause zu sein.

Als er abends nach dem Dienst den Rasen mäht, keine sehr große Fläche, überfällt ihn ein sich verstärkender drückender Brustschmerz, den er nicht kennt. Er mäht weiter. Als ihm der kalte Schweiß ausbricht, schleppt er sich ins Haus und bricht zusammen. Er erleidet einen Herzinfarkt und wird sofort in die Intensivstation des Krankenhauses gebracht. Nach einer Woche darf er wieder aufstehen, und nun beginnt seine Rehabilitation.

Die Ärzte meinen, sein Infarkt wäre durch Streß verursacht, was nach drei Jahren streßloser Zeit eine makabre Diagnose zu sein scheint.

Hans ist nicht der typische Infarktpatient, aber an seinem Fall wollen wir versuchen, dem seelischen Auslöser auf die Spur zu kommen.

150.000 Infarkttote etwa gibt es jedes Jahr in der Bundesrepublik Deutschland. Fünfmal so viele Männer wie Frauen. Die bekanntesten Risikofaktoren sind Übergewicht, Rauchen, Alkoholkonsum, mangelnde oder gar keine körperliche Bewegung und extreme Arbeitsbelastung – alle diese Faktoren waren bei Hans nicht gegeben.

Aber gefährdet sind auch Menschen, die lange eine monotone Tätigkeit ausgeübt haben und plötzlich Streß ausgesetzt sind. Menschen, die mit ihrer Arbeitssituation unzufrieden, ja unglücklich sind. Besonders Männer sehen in ihrer Arbeit ihren Lebensinhalt und müssen daraus Befriedigung ziehen. Wenn sich nun einer von seiner Firma abgeschoben fühlt, wenn er glaubt, eine sinnlose Tätigkeit auszuüben, wenn er sich schon auf seinem Bürosessel mehr tot als lebendig fühlt, dann kann sich dieses Empfinden schlimmer auswirken als fordernde Hektik, in der er zwar täglich siegen muß, sich aber auch täglich als Sieger fühlen darf.

Vielleicht trug Hans noch eine zweite Last, da seinetwegen Annette ihren Beruf aufgegeben hat, worunter er stellvertretend womöglich mehr litt als seine aktive Frau, die immer eine Beschäftigung fand.

Sehr viel Verantwortungsgefühl haben diese Menschen, das sie oft in Einsamkeit tragen, weil sie es sich als Schwäche auslegen, darüber zu sprechen. Sie wollen sich nicht helfen lassen, versuchen aber allen anderen zu helfen. Sie brauchen Anerkennung von der Umwelt, zeigen es aber nur indirekt, indem sie immer perfekt funktionieren wollen.

Sie haben Angst vor ihren Ängsten, nicht auszureichen, und verbrauchen viel Energie beim Kaschieren dieser Ängste. Sie sind einsam, weil sie sich einsam fühlen, sie können sogar Haßgefühle entwickeln gegen andere Männer, die ewig lustig, ein bißchen angeberisch sich überall in den Vordergrund schieben und nichts ernst zu nehmen scheinen. Sie selbst aber sind seriös, verläßlich, bis sie unter der selbstauferlegten Last zusammenbrechen.

Denn innen wird ihnen bang ums Herz; ihr Herz und ihre Seele sind zarter, empfindsamer als die Ausstattung der Tunichtgute, die sie so sehr verabscheuen. So fühlen sie sich seltsam alleingelassen, voll tiefer Traurigkeit. Einer von ihnen sagte einmal: »Ich fühle mich wie ein in den Weltraum geschleuderter Stern.« Wäre er eine Frau gewesen, hätte er wenigstens über diese Erkenntnis weinen können, so aber trug er sie einsam durch seinen Weltraum, unfähig sogar zum Selbstmitleid.

Ich will und muß jetzt ehrlich mit mir sein, muß aus meinem selbstgezimmerten Panzerschrank heraus. Es ist doch gar nicht unehrenhaft, sich so eisig zu fühlen, aber ich will mich meinen Nächsten aufschließen, damit sie mir helfen können, aus dem Weltraum auf die Erde zu steigen, um Wurzeln in dem warmen Boden zu schlagen und Zweige auszubreiten.

Ich will meine Hände ausstrecken, um andere Hände zu ergreifen, will mit anderen Menschen, Schicksalen und Leben verwachsen und mich verflechten – eine soziale Existenz führen, mein Herz öffnen und sehen, wie die Herzen der anderen auch für mich offenstehen.

Gleichzeitig natürlich will ich darauf achten, meinen Cholesterinspiegel niedrig zu halten wie meinen Blutdruck, meinen Alkoholkonsum überwachen, spazierenzugehen und meine Arbeit so freudig wie möglich zu erledigen. Wenn mich mein Chef nicht lobt, will ich es wenigstens selber tun. Ich will mich auch nicht weiterhin extrem für andere verantwortlich fühlen, denn sie danken es mir selten, halten mich gar für einen Besserwisser.

Solange mein Herz schlägt, will ich auch fühlen, wie warm es mich mit allem versorgt, was ich brauche. Ich will es ihm danken, indem ich ihm zarte Gefühle und Regungen erlaube.

Was mein Herz mir in unermüdlicher Arbeit gibt, will ich ihm auch geben: meine Liebe und Aufmerksamkeit.

Daraus wird für mich eine ungeheure Lebensqualität entstehen. Ich will innehalten auf meinem Weg, stehen bleiben, die Blumen am Wegesrand betrachten und mich verzaubern lassen. Weich will ich werden, so weich, wie mein Herz mich eigentlich haben will. So wird ein wunderbares Gleichgewicht entstehen zwischen Innen- und Außenwelt.

Alles, was ich bisher als seelische Belastung empfunden habe, will ich nun neugierig ausloten, erkennen, daß die Welt endlose Wunder für mich bereithält. Vielleicht versuche ich sogar, mir einige der Eigenschaften zuzulegen, die ich nie mochte: in den Tag hineinleben, Fremde ansprechen, viel lachen, etwas Sinnloses tun, übermütiger sein. Mein Gesichtsausdruck, meine Körperhaltung, vielleicht sogar meine Kleidung sollten sich ändern.

Kurz: Ich will ein anderer Typ werden:

Ich will mich entspannen und leichtlebiger werden.

Ich will nicht auf den Erfolg in zehn Jahren hinarbeiten, sondern heute Freude haben.

Ich will andere Menschen anschauen, mit ihnen teilen, ihnen zuhören.

Ich will jeden Augenblick in meinem Leben und mein Herz herzlich lieben.

12
Das juckt mich stets aufs neue
(Überempfindlichkeitsreaktion – Allergie)

Brigitte ist 27 Jahre alt und möchte, bevor sie zu alt wird, ein Kind haben. Für ihren Mann Hermann aber kommt das gar nicht in Frage.

Wenn sie dennoch ihren Wunsch äußert, schenkt er ihr wieder eine goldene Kette, goldene Ohrringe, goldene Ringe und Armbänder.

Aber neuerdings kann Brigitte nicht einmal mehr den Goldschmuck vertragen. Modeschmuck hat ihr schon immer Hautreizungen verursacht – aber jetzt beginnt die Haut sich auch gegen Edelmetall zu wehren.

Hermann kann es sich leisten, seine zehn Jahre jüngere Frau zu verwöhnen, aber Brigitte kommt sich allmählich vor, als wenn sie ihre Haut zu Markte trage.

Gewiß, sie hat alles, was das Herz begehrt – äußerlich betrachtet. Wenn sie aber Hermann fragt, warum er kein Kind will, gibt er keine Auskunft und sagt, sie wüßte sehr wohl, daß dies ein Teil ihrer Abmachung sei, er habe es ihr von Anfang an gesagt, und sie solle sich an die Abmachung halten. Dabei bleibt er ganz kühl.

Nun hat Brigitte einen anderen Mann kennengelernt. Er ist sogar ein Jahr jünger als sie. Brigitte erzählt ihm von ihrem sehnsüchtigen Wunsch, und er, Martin, sieht darin eine Chance, Brigitte für sich zu gewinnen. Er drängt sie, Hermann zu verlassen und mit ihm eine Familie zu gründen. Brigitte hat Martin zwar sehr gern, sie merkt, wie gut es ihr tut, mit ihm zusammen zu sein – aber sie erkennt auch, daß sie ihn nicht liebt.

Ihre Haut wird immer empfindlicher, und als sie wieder einmal mit dem Rücken voller Testpflaster vom Hautarzt kommt, sagt eine Freundin spöttisch: »Ich glaube, du bist allergisch gegen deinen Mann«. Brigitte wird rot, denn sie weiß, daß es stimmt und womöglich auch auf beide Männer in ihrem Leben zutrifft.

Sie ist in einem echten Dilemma und weiß nicht, was sie tun soll. Schon als Teenager hatte sie Hautprobleme, aber das hatte aufgehört, als sie erwachsen wurde – und nun dies. Sie ist ratlos.

Die Haut ist unser größtes Organ und bei weitem auch das ausdrucksfähigste. Sie ist wie ein weites Feld, auf dem sich Verschiebungen abspielen. So stellen sich bei Kälte die Härchen hoch, um ein wärmendes Luftpolster zu bilden, bei Wärme schwitzen wir, bei Trockenheit kann sie Fett absondern, um einen Schutzfilm zu bilden, der, angereichert mit Säuren, die Bakterien und Pilze abtötet; werden die Kapillargefäße erweitert, erröten wir, bei Kälte und Entsetzen verengen sich die Kapillargefäße, so daß alles Blut in den inneren Körper strömt, und wir erbleichen.

Für Reklamefotos werden diese erkennbaren Ausdrucksformen oft künstlich und übertrieben her- und dargestellt, um im Betrachter die damit einhergehenden Gefühle zu reproduzieren.

Die Haut ist Schutz und will geschützt werden, darum cremen und waschen wir sie. Mäßige Sonnenbestrahlung tut ihr gut – sie antwortet mit Bräune. Sie ist also auf alles gefaßt und antwortet in einer differenzierten Farbpalette, unsere Haut.

Wir alle wollen uns in unserer Haut wohlfühlen. Wer mit seiner Figur zufrieden ist, trägt gern Kleider, die wie eine zweite Haut sitzen – und welche Frau liebt es nicht, sich in eine Tierhaut zu hüllen, in Form eines Pelzmantels? Männer bevorzugen Leder, das ihnen gleichsam die Stärke des Büffels verleiht.

Männer müssen auch ein dickes Fell haben, so will es unsere Gesellschaft. Und der Mensch, der voller Überzeugung sagen kann »Das juckt mich doch nicht«, ist gut dran.

Was aber, wenn es mich juckt?

Viele Hautärzte und geplagte Patienten verzweifeln an dieser Frage.

Da die Haut unsere äußere Hülle ist, behandeln wir sie äußerlich.

Nun entsteht sie aber in der Entwicklungsgeschichte des Embryos aus demselben äußeren Keimblatt, dem Ektoderm, wie auch unser Nervensystem mit Gehirn und Augen, ist mit dem Nervensystem also eng verwandt. Aus dieser Verwandtschaft erklärt sich ihre spezifische Sensibilität.

Wir müssen also sehr viel tiefer gehen, um den Störungen auf die Spur zu kommen.

Brigittes Leben ist, äußerlich betrachtet, gesichert und glücklich, nur ihre Haut spricht eine andere Sprache. Es juckt sie eben doch so manches.

Welches Gefühl will der von Hautkrankheiten heimgesuchte Patient im Betrachter hervorrufen?

Bewußt will er es ganz sicher nicht, denn er schämt sich seiner Hautkrankheit, aber er wird praktisch unberührbar. Wäre es aber, wie in Brigittes Fall, nicht ganz in ihrem Sinne, unberührbar zu werden? So hätte sie ihre Ruhe, brauchte sich nicht zu entscheiden, müßte nicht Stellung beziehen.

Sie braucht ihre inneren aggressiven Gefühle nicht wahrzunehmen, aber jedesmal wenn sie Hermann eine Szene macht, wie bald auch dem drängenden Martin, reagiert die Haut mit einem neuen Schub von Juckreiz und Aufblühen. Sie findet keine Ruhe.

Wenn bei allen Tests keine spezifische Überempfindlichkeit gegen »schuldige« Nahrungsmittel, Medikamente, Pflanzen, Kosmetika oder Waschmittel zu entdecken ist, haben wir es mit einer Neurodermitis zu tun. So ist es also hilfreich, wenn unser Hautarzt uns zum Nervenarzt oder zum Psychologen überweist.

Wir wollen mit klarem Kopf unsere Aggressionen, Ängste und Minderwertigkeitskomplexe untersuchen, Klarheit suchen, damit unsere Haut wieder klar werden kann.

Wenn ich nun meine, als Kind zu wenig berührt worden zu sein, zu selten umarmt und geküßt worden bin, und im späteren Leben wieder auf sich kalt verweigernde Partner treffe, will ich es ganz von Anfang her aufrollen, bis ich zu einer mutigen, erwachsenen Entscheidung fähig bin.

Brigitte ist es auch Hermann schuldig. Sie wird ihm jetzt sagen: »Ich will, daß du mich als erwachsene Frau ernst nimmst, ich halte unsere Abmachung für falsch, ich habe meine Meinung geändert, bemühe du dich auch zu erkennen, was dich zu dieser starren Haltung veranlaßt. Ich will einen erwachsenen Partner haben, der mit mir spricht und mich nicht wie ein Kind mit Gold behängt. Verstehe, daß ich nicht käuflich bin. Es geht hier um unser Lebensglück, nicht um ein Geschäft«.

Ich bringe den Mut auf, dir meine tiefsten Wünsche zu offenbaren, aber ich erwarte auch von dir diesen Mut. Ich versuche es mit Entspannungsübungen und mit autogenem Training. Ich bin es leid, meine Haut für mich sprechen zu lassen. Meine Haut ist jederzeit bereit, auf äußere Reize zu antworten, etwa Kitzel, Schmerz, Wärme, Kälte, Freude oder Schrecken. So lebendig will ich auch sein.

Mit Mucken, Verdrängen und Lügen komme ich nicht weiter, das ist eines vollwertigen Erwachsenen unwürdig. Ich fühle mich mißachtet, und ich will mich nicht weiter mißachten lassen, ich will mit Haut und Haaren geliebt und nicht als Marionette benutzt werden.

Wenn ich nun schon dabei bin, mich durchzusetzen, will ich auch darüber nachdenken, ob mein Partner, meine Freundin, meine Kollegen vielleicht von meiner peniblen Art bedrückt werden, die ich an mir beobachte. Vielleicht fühlen sie sich im Umgang mit mir in ihrer Haut auch nicht so wohl, wie sie es gerne hätten:

Ich will meinen Partner liebkosen, damit er mich auch streicheln kann.

Ich will Freunde spontan umarmen, ihre Haut spüren, um mein Körpergefühl zu trainieren.

Ich will nicht auf die gute Fee warten, die mir drei Wünsche erfüllt, oder auf den Prinzen, der mich wachküßt, sondern selber Wünsche erfüllen und aus dem Frosch den Prinzen erlösen.

Ich nehme meine Masken ab, lasse Luft an meine Haut, damit sie erblühen kann, aber diesmal vor Lebensfreude.

Was du willst, das man dir tu, das trau zuerst dir selber zu!

13
Wenn's eng wird, krieg' ich Angst
(Asthma)

Johannes war Anfang dreißig und ein beliebter Lehrer. Sein Beruf machte ihm Freude. Zweimal pro Woche spielte er nachmittags mit seinen Schülern Fußball, und er hatte einen so guten Draht zu ihnen, daß er einige sogar in seinen Hobbyraum einlud. Sie konstruierten Flugmodelle; mitmachen durften aber nur die, die wirklich ernsthaft und präzise arbeiteten, Pfuscherei konnte er nicht leiden.

Seine Schüler nannten ihn Modellchampion, was ihn wiederum veranlaßte, noch exakter und wirklichkeitsgetreuer zu arbeiten.

Ein guter Ruf verpflichtet schließlich. Er, als Physiklehrer, konnte ihnen also spielend eine Menge beibringen.

Wenn seine Mutter nicht ab und zu gefragt hätte: »Sag mal Junge, willst du nicht endlich heiraten und selber Kinder haben?«, hätte er über eine Ehe wohl noch gar nicht nachgedacht.

Als er an einem Freitag nachmittag vom Sportplatz kam,

fühlte er sich rundherum wohl. Nachdem er geduscht hatte und sich gerade mit seiner Pizza vor dem Fernseher entspannen wollte, klingelte das Telefon. Es war eine Kollegin, deren Anruf er nie erwartet hätte. Sie hatte eine Frage an ihn, die er auch nie erwartet hätte. Die Art, wie sie die Frage stellte, allerdings schon. Er hörte dies: »Trauen Sie sich zu, es mit meiner Klasse aufzunehmen? Ich brauche eine Begleitperson für einen Klassenausflug nach Berlin. Bitte überlegen Sie es sich; es reicht, wenn Sie mir am Montag Bescheid sagen. Ich bin sehr in Eile, danke«. Dann legte sie auf.

Was mochte wohl geschehen sein, daß diese junge Frau ausgerechnet ihn fragte? Sie schoß ihn gerne bei jeder Gelegenheit an, hatte so ganz andere Vorstellungen von ihrem Beruf, und er hatte gehört, daß ihre Klasse genauso aufmüpfig sein sollte wie sie.

Fast blieb ihm seine Pizza im Hals stecken. Vorbei war es mit der Wochenendruhe. Seine Gedanken jagten sich: »Wieso ausgerechnet ich? Und wie unmöglich sie das wieder gefragt hatte!« Aber – neinsagen konnte und wollte er nicht, nicht ihr. Einige weitere Informationen hätte sie ihm anstandshalber schon geben können. Zurückrufen und fragen wollte er aber auch nicht.

Er begann nervös zu hüsteln und versuchte, sich auf einen Film zu konzentrieren. Nach einigen Minuten holte er sich eine Coca Cola und, da das Hüsteln nicht aufhörte, gab er einen guten Schuß Rum dazu.

Am Abend des nächsten Tages hatte Johannes leichte Atembeschwerden, und in der Nacht zum Sonntag wurden sie so schlimm, daß er seinen Hausarzt anrufen mußte, der zum Glück sofort kam. Johannes bekam eine Cortisonspritze, nach der sich sein Zustand besserte. Der Arzt nahm sich sogar Zeit mit ihm zu sprechen.

Johannes hatte als Kind wohl öfter Asthmaanfälle gehabt, aber so schlimm war noch keiner gewesen.

Und warum?

Zwischen ein und drei Prozent der Menschen in Europa und USA leiden unter allergisch ausgelöstem Asthma. Bei einem Viertel der Patienten tritt dieses Krankheitsbild zum ersten Mal vor dem zehnten Lebensjahr auf, zum Glück haben 50 Prozent dieser Kinder nach der Pubertät keine Beschwerden mehr. Aber es gibt auch erste Anfälle jenseits des 60. Lebensjahres.

Im Asthmaanfall wird das natürliche, vom vegetativen Nervensystem (unbewußt) gesteuerte und nicht ständig bewußte Atemgeschehen gestört. Wenn irgendwelche Auslöser, das heißt Allergene oder Konfliktsituationen auftreten, wird noch normal eingeatmet, aber es entstehen Schwierigkeiten beim Ausatmen. Diese werden um so stärker, je kräftiger der Patient, der glaubt, zu wenig Luft zu bekommen, zu atmen versucht, in diesem Fall bewußt zu atmen versucht. In den Bronchien wird dann entweder durch Schwellung, Sekretbildung oder Verkrampfung der Muskulatur das Ausatmen blockiert, so daß es zu einem Luftstau in der Lunge kommt.

Der Patient beginnt zu hyperventilieren (übermäßig zu atmen), da die Atmung ebenfalls vom Zentralnervensystem willentlich beeinflußt werden kann, was den Vorgang noch verschlimmert. Hinzu kommt eine verständliche Angst vor dem Erstickungstod, besonders wenn der Kranke eine Reihe asthmatischer Erlebnisse hinter sich hat. Viele dieser Personen tragen immer einen Spray bei sich.

Nun wissen wir aber aus Untersuchungsreihen, daß Asthmatiker auch in pollenfreier Luft von Erstickungsanfällen überrascht werden können, wenn man ihnen suggeriert, die Raumluft sei pollenangereichert. Darum müssen wir versuchen, diese beängstigenden Ereignisse als sehr komplexes Geschehen zu betrachten und nach Auswegen suchen.

Dazu soll uns jedes Mittel recht sein. Selbst wenn es gilt, an der eigenen Fassade zu kratzen.

Warum zum Beispiel hatte Johannes, der überzeugte Lehrer, Angst, nachdem er von der Kollegin zum »Duell« gefordert worden war? Er hatte sich seine Welt, die des »Modell-Lehrers«, aufgebaut und wurde nun herausgefordert, Farbe zu bekennen und sein ureigenes Terrain zu verteidigen. Er spürte Unzufriedenheit mit sich selbst und protestierte gleichzeitig dagegen.

Das, worauf er besonders stolz war, sein gutes Auskommen mit seinen Schülern, hatte sie unsanft in Frage gestellt. Er glaubte (subjektiv), es solle ihm der Boden unter den Füßen entzogen werden.

Anstatt nun gelassen in den Ring zu steigen und, sich auf seine Erfolge verlassend, voller Selbstvertrauen den anderen Schülern zu begegnen, genügte der Telefonanruf, um diesen schrecklichen Anfall auszulösen. Sein subjektives Bewußtsein griff über das Zentralnervensystem in den normalen Ablauf des unbewußten Atmens ein, und es kam zur katastrophalen Luftansammlung. Er konnte die Luft nicht loslassen.

Da fast alle psychosomatischen Erkrankungen im Kleinstkind- oder Kindesalter angelegt werden, mag die Schilderung eines weltberühmten Asthmatikers, des französischen Schriftstellers Marcel Proust, hier etwas Licht ins ambivalente Geschehen bringen. In diesem Fall handelt es sich um den Versuch, die Mutter an sich zu binden und gleichzeitig die Abwehr dieser Abhängigkeit zu etablieren. Sein geniales Mammutwerk *Auf der Suche nach der verlorenen Zeit* beginnt mit einer detaillierten Einschlafszene des Kindes, in deren Verlauf er eindringlich seine Abhängigkeit vom mütterlichen Gutenachtkuß beschreibt.

Hat er den ersten Gutenachtkuß empfangen, stürzt der Wunsch nach einem zweiten ihn in tiefe Verzweiflung, die ihm »die Kraft raubt, einzuschlafen«. Ein zweiter Kuß wird ihm verwehrt, da sein Vater den Ritus übertrieben findet. Das sensible Kind unterdrückt also früh gesunde Aggressivität, um weiterhin des Kusses würdig zu sein, und gerät noch tiefer in Abhängigkeit. Andere Familienangehörige werden zu Rivalen. Es beginnt, Abwehrmechanismen gegen seine Wünsche zu installieren. Später im Leben ist das Geschehen so komplex, daß kaum noch erkennbar ist, was vor sich geht.

Dennoch will ich versuchen, diesbezüglich Licht in mein Leben zu bringen, um nicht wie Marcel Proust als Asthmatiker zu sterben. In meinem Leben will ich versuchen, einiges anders zu sehen und zu tun:

Ich will aus meiner Routine herausfinden und aufgeschlossen sein für Neues, Andersartiges.

Ich will meine eigene Wertskala erweitern und notfalls verändern.

Ich will meiner Gereiztheit auf den Grund gehen.

Ich will kleine Erfolge statt Vollkommenheit anstreben, mich selbst als Menschen annehmen, statt Übermenschliches von mir zu fordern.

Ich will die Anforderungen an mich herunterschrauben, mich aus meinem eigenen Schraubstock nehmen.

Ich will locker sein und den Körper allein atmen lassen.

14
Der Frosch im Hals
(Kloßgefühl im Hals – Globus hystericus)

Solange Susanna denken konnte, hatte sie im Schatten ihrer fünf Jahre älteren Schwester Silke gestanden. Silke und ihre Mutter waren für sie immer eine Einheit gewesen, als hätte sie zwei Mütter. Die beiden tauschten alle Geheimnisse miteinander aus, so schien es ihr zumindest.

Dabei sah Susanna ihrer Mutter sehr viel ähnlicher. Sie hatte auch von der Mutter häufige Kopfschmerzen und den »Frosch im Hals« geerbt, aber sonst gab es da keine Gemeinsamkeiten.

Silke hingegen schien total unabhängig von der ganzen Familie zu sein, ihre Vorschläge wurden immer angenommen, ganz gleich, ob es sich um die Wohnungseinrichtung, Kleidung oder Frisuren handelte, alles fand die Mutter toll.

Susanna fand das lächerlich.

Vor einem Jahr war sie in eine eigene kleine Wohnung gezogen. Ihre Lehre in einer Buchhandlung hatte sie mit Glanz absolviert und im Geschäft wurde sie akzeptiert als jemand, der immer auf dem Laufenden war. In ihrem Beruf war sie gut, das wußte sie.

Im letzten halben Jahr hatte sie weder Kopfschmerzen noch dieses Fremdkörpergefühl im Hals gehabt, obwohl sie den ganzen Tag über viel sprach, da sie mit großer Freude ihre Kunden beriet.

Als sie an diesem Abend nach Hause kam, fand sie einen Brief von Silke vor. Eine seltene Ausnahme.

Sie hatte das Gefühl, etwas trinken zu müssen, während sie den Brief aufmachte und holte sich ein großes Glas Wasser.

Was sie las, war eine noch größere Überraschung. Silke machte ihr den Vorschlag, über Ostern mit ihr eine Reise zu unternehmen. Je nachdem, wieviel Urlaub sie bekommen könne, wollten sie ein wenig in Deutschland herumfahren oder nach Italien oder Spanien. Sie solle es sich überlegen und Vorschläge machen. Susanna war außer sich vor Glück. In der Buchhandlung studierte sie Bildbände und machte Pläne. Dann rief sie Silke an, fragte, wie sie denn darauf komme und ob die Mutter auch mitfahre.

»Nein, wieso? Mein Freund macht eine Tour mit seinem Bruder, und da dachte ich, ich mache eine mit meiner kleinen Schwester. Hast du Lust?«

»Und ob, klar!«

Susanna sprudelte all ihre Pläne heraus, Silke hörte ihre Vorschläge an und stimmte ihr zu. Susanna sollte die Route festlegen. Es war ein ziemlich langes, freundschaftliches Gespräch. Am Ende des Gespräches aber hatte sie wieder ihren alten Frosch im Hals, wohl vom vielen Sprechen, dachte sie.

Immer hatte sie sich Silkes Aufmerksamkeit gewünscht. Endlich ging ihr Streben, beachtet zu werden, in Erfüllung, gleichzeitig reagierte ihr Hals aber mit dem bekannten Gefühl ihrer Jugend.

Hatte sie Angst vor der Gemeinsamkeit, in der vielleicht alles wie eine Seifenblase zerplatzen könnte? Sie war jetzt erwachsen, anerkannt, selbständig. Außerdem ahnte sie, daß sie viel besser reden konnte als die Schwester, sie hatte es sich auch bewiesen.

Also, warum der Kloß im Hals?

Viele Menschen klagen über »Halsschmerzen«, die nicht eigentlich Schmerzen sind und bei denen keine Ursache, wie etwa eine virusbedingte oder bakterielle Entzündung nachzuweisen ist. Ja, diese Beschwerden stehen oft im krassen Widerspruch zum Befund. Das heißt, daß viele Patienten mit zerstörten Schleimhäuten derartige Gefühle nicht kennen, wie Schluckbeschwerden, Mundtrockenheit, Verschleimung, Brennen im Hals, belegte Stimme oder das Gefühl, daß der Hals sich zusammenzieht. Beim Essen verschwinden diese Beschwerden, wohingegen sie bei entzündlichen Erkrankungen bei der Nahrungsaufnahme zunehmen, wie wir alle wissen.

Der erfahrene Hals-Nasen-Ohren-Arzt wird natürlich erst einmal abzuklären versuchen, woher diese unangenehmen Erlebnisse im Hals kommen. Dabei müssen Patient und Arzt zusammenarbeiten, um einerseits keinen organischen Befund zu übersehen, andererseits um einander nicht in einen oft überflüssigen chirurgischen Eingriff hineinzumanövrieren.

Patienten, die lange an diesen Symptomen leiden und zudem noch häufig den Arzt wechseln, weil bisherige Untersuchungen keinen behandelbaren Befund ergaben, müssen nicht unbedingt glücklich sein, endlich einen Arzt gefunden zu haben, der bereit ist, ihren »Schmerzen« mit dem Messer zu Leibe zu rücken. Vielmehr sollten sie sich fragen, ob sie nicht ein wenig mehr zur Erhellung des Hintergrundes dieser Beschwerden beizutragen haben, statt wie Susanna froh zu sein, wenigstens dies mit der Mutter erkennbar gemeinsam zu haben. Denn vielleicht waren die Gefühle bei der Mutter auch Begleitsymptome einer depressiven Verstimmung.

Besonders Menschen, die ihren Wunsch, einmal im Mittelpunkt zu stehen, in ihrer oft regen Phantasie ausleben, suchen sich noch als Kinder unbewußt bei der Symptomwahl ein Vorbild in der näheren Umwelt. Sie verbrauchen eine Menge psychischer Energie für die Umwandlung dieses Vorbilds in etwas »Greifbares«, woraufhin sie die Aufmerksamkeit der Familie erringen und sich dadurch gefühlsmäßig sicherer, umsorgter und eingebetteter erfahren.

»Konversion« heißt dieser Vorgang, »Umwandlung« oder »Umkehrung«. Es handelt sich um eine symbolische Manifestation verdrängter Ideen. Wie etwa, wenn der Christ seinen religiösen und kulturellen Hintergrund aufgibt, um sich im Islam ganz anderen Gesetzen zu unterwerfen. Konvertiten sind bekanntlich besonders kritisch ihrer aufgegebenen Religion gegenüber. Vielleicht sollten wir dieses Bild auf unser Leben übertragen und uns fragen, warum wir so kritisch gegen etwas sind, das wir verleugnen wollen, und uns gleichzeitig einem anderen System unterwerfen und dabei alle Kritik verloren zu haben scheinen.

Das Verleugnete aber gilt es wieder auszugraben, um die Fesseln und Klammern des Systems zu lösen, in das wir uns geflüchtet haben.

Susanna kam gegen etwas, was für sie nicht lösbar war, nämlich das wirkliche oder vermeintliche starke Band zwischen Mutter und Schwester, nicht an. Es kann sehr gut sein, daß ihre Schwester das Dreiecksverhältnis nie so empfunden hatte und also ganz frei entschieden hatte, mit ihr zu reisen. Susanna aber fiel bei dem Vorschlag sofort wieder in die Kinderrolle zurück.

Wir wissen, daß Angst eine Austrocknung der Schleimhäute bewirken kann, die daraufhin viel empfindlicher und anfälliger werden. Auch Nervosität macht einen trockenen Mund. Ebenfalls kann die innere Schlund- und äußere Halsmuskulatur sich verkrampfen. Das HWS (Halswirbelsäulen)-Syndrom geht oft mit dem Kloß im Hals einher und kann eine Menge Schwierigkeiten verursachen, die nicht immer auf Verletzungen oder Verschleiß zurückzuführen sind.

Es gibt eine gute Übung, um die Halsmuskulatur zu lockern. Man zieht die Schultern hoch bis an die Ohren und läßt sie dann fallen. In dem Moment wird uns klar, wie steif und hochgezogen sie sonst gerne von uns gehalten werden, wie in Angst steif eingefroren, verspannt.

Körperliche Belastung, Schlafmangel und seelische Konflikte verstärken die Fehlhaltung und belasten zusätzlich das Immunsystem. Was dabei herauskommt, ist ein Bild, das auch für den Arzt nicht leicht in psychisch und somatisch zu trennen ist.

Der Halsraum kann sich zum Schlucken und Sprechen öffnen und ebenso verschließen und verweigern. Die Kommunikation mit unserer sozialen Umwelt geschieht hier also auf mehreren Ebenen, nicht nur der verbalen Ebene:

Wenn ich dieses Fremdkörpergefühl im Hals habe, will ich schleimhautschädliche Genußmittel einschränken, wie Kaffee, Nikotin, starke Alkoholika, zu scharfes, zu heißes oder zu kaltes Essen. Ebenfalls nehme ich meine Medikamente unter die Lupe und schränke ihren Gebrauch ein, wenn der Arzt zustimmt.

Ich frage mich, was kann ich nicht einfach hinunterschlukken?

Ich schreibe mir auf, wann ich diese Symptome an mir beobachte.

Ich will mir darüber klarwerden, daß gerade meine Beziehung zu Menschen, die mir besonders nahestehen, in mir diese Ersatzhandlungen auslösen. Ich will der Sache auf den Grund gehen und aussprechen, was mich besonders stört, wo ich mich vergebens (frustra) bemühe, bei ihnen eine Rolle zu spielen und die Rolle überdenken.

Wenn die Symptome verschwinden, später aber wieder auftauchen, habe ich nicht tief genug gegraben.

15
Ich stolpere über meine eigene Dummheit

(mangelnde Planung und Umsicht – daraus resultierende Verletzungen)

Hella ist glücklich, nun endlich eine passende Halbtagsbeschäftigung gefunden zu haben. Sie arbeitet nachmittags. Wie immer ihr Vormittag verläuft, nie schafft sie es, in Ruhe zum Bus zu gehen, um rechtzeitig im Geschäft zu sein. Die letzten Minuten sind immer und immer wieder hektisch. Ein typisches Bild aus Hellas Leben ist dies: Sie versucht mit frisch lackierten Fingernägeln einen Mantel oder eine Jacke anzuziehen. Ans Zuknöpfen wagt sie sich nicht, weil sie dabei ganz sicher die neue Lackschicht verletzen würde. Sie kennt es aus Erfahrung. Also geht sie »aus Erfahrung« auch manchmal im Winter mit offenem Mantel. Gern öffnet sie nach dem Zuschlagen der Haustür diese noch einmal, um nach dem Rechten zu sehen, wozu sie mit spitzen Fingern in ihrer Tasche herumfischt. Da die Zeit so immer knapper wird, läuft sie die Steintreppen hinunter, rutscht mit der Sohle an der glatten Kante ab und fällt auf das Schienbein. Wie es zu der Drehung kam, ist ihr ganz unerklärlich, aber irgendwie schlägt das Schienbein auf die glatte, harte Stufenkante und trennt wie ein Messer von innen die darüberliegende Haut auf. Es tut verdammt weh.

Schmerzverzerrt humpelt sie weiter, beginnt dann zu gehen und läuft schließlich, da sie ja ihren Bus nicht verpassen darf.

Zum Glück kommt sie gerade noch rechtzeitig, aber irgendwie schafft sie es, mit dem falschen Fuß beginnend, in den Bus hineinzustolpern. Dabei tritt sie auf ihren Mantel.

Sie ist froh, heute nicht noch ein zweites Mal gefallen zu sein und setzt sich erleichtert. Zum Glück hat sie jetzt mehrere Stationen vor sich und muß nicht sofort wieder aufstehen. Jetzt erst wagt sie den angehaltenen Atem auszustoßen und wieder einen normalen Rhythmus zu finden.

Ja, darum geht es hier: einen Rhythmus zu finden. Jeder stolpert mal, aber wenn's häufiger vorkommt, ist es schon merkwürdig. Wollen die Füße ihren Gedanken nicht folgen, oder hinken die Gedanken hinter ihren Füßen her? Wie auch immer, synchron läuft es, wie es scheint, nicht.

Unser Leben aber verläuft in Rhythmen, wir wachen und schlafen, essen, atmen und arbeiten in Rhythmen. Wir wissen, daß wir bestimmte körperliche Arbeiten nur im richtigen Takt verrichten können, in gleichförmiger, rhythmischer Bewegung. Wir kennen die Lieder der Baumwollpflücker und Seeleute – Hella hat aber ihr Lied noch nicht gefunden.

Zwar nimmt sie sich jedesmal nach einem Unfall vor, sich zu bessern, ruhiger und vorausschauender ihr Leben zu führen, aber geschafft hat sie es noch nicht. Wahrscheinlich sucht sie nach einer Strukturierung von außen; sie hofft deshalb, daß sich eine Besserung durch das nun beginnende Arbeitsleben einstellt.

Aber wenn sie ehrlich mit sich ist, weiß sie schon, wo die Ursache liegt. Sie treibt sich selbst immer wieder in solche Zwangssituationen. Für den Weg zum Bus fehlen ihr nur lächerliche fünf Minuten, die sie aus dem Vormittag herauswirtschaften muß, um in einem vernünftigen Tempo den Weg zurücklegen zu können. Für das Treppensteigen gar nur zwei Minuten, um die Strecke unfallfrei zu überwinden. Schuldbewußt ist sie und blockiert. Sie kann es auch niemandem erzählen, weil es so albern klingt. Aber die Häufigkeit ihrer Fehltritte und die große Summe aus all den vielen fünf Minuten über die Jahre hin blockieren sie so weit, daß sie es fast schon als ihr Schicksal ansieht, eventuell mal unter einem Bus zu landen.

Schuldig muß sie sich nicht fühlen, sie sollte aber erkennen, wie sie übermütig darauf zusteuert, bis es wieder so weit ist.

Übermut tut selten gut; wenn Übermut nicht gedämpft wird, ist es schon Hochmut, und der kommt vor dem Fall. Das weiß jedes Kind. Kinderleicht ist es auch, diese Dummheit zu beenden.

Ich sage mir also: »Ich schaue mal auf die Uhr, wie lange ich abends nach dem Dienst für den Heimweg brauche.« Diese Zeit lege ich morgen auch für den Hinweg fest, dann kann mir nichts passieren. Da ich mich kenne, sehe ich schon, wie ich dann mein sich überschlagendes, unfallträchtiges Verhalten vorverlegen werde, so daß die kritischen Punkte nicht mehr die Treppe oder der Bus sind, sondern die Abläufe davor. Nun versuche ich diese, soweit sie sich täglich wiederholen, genau zu durchleuchten. Die Schuhe kann ich rechtzeitig putzen, bei Regenwetter lege ich Hut und Schirm heraus, damit ich sie nicht im letzten Moment noch suchen muß und wieder in Zeitdruck komme. Meine Nägel lackiere ich vielleicht schon zur Lektüre der Morgenzeitung, weil beides etwa die gleiche Zeit braucht. So verwöhne ich mich selber, indem ich mir den Luxus erlaube, Zeit zu haben. Ich bediene mich selbst wie einen lieben Gast.

Ich will aus dem stolpernden Mädchen eine erwachsene Frau machen. Und Erwachsene fallen nicht gerne, weil immer jemand darüber lacht – unwillkürlich.

Im Grunde haben wir hier ein Paradebeispiel für alle im Haushalt sich ereignenden Unfälle. Wer von uns weiß denn nicht genau, wie es zu einem Unfall kommt und bis zu welchem Punkt wir ihn hätten verhindern können? In der heimischen Umgebung sind wir sorglos, immer wieder kippeln wir auf Stühlen, weil wir zu faul sind, die nur fünf Meter entfernt stehende Leiter zu holen.

Wir haben es hier nicht mit der Tücke des Objektes zu tun (ein Stuhl stellt uns kein Bein), sondern mit dem Beharrungsvermögen des Menschen, dem Festhalten an Unsitten, von denen wir längst wissen, daß sie Unsitten sind.

Ja, alltägliche kleine Unarten halten wir am hartnäckigsten am Leben. Dennoch sage ich meinen Unarten jetzt den Kampf an. So wie ich mal die Zahnpasta oder das Waschpulver wechsle, will ich jetzt Kleinigkeiten anders machen. Manchmal ist es schon nützlich, die Reihenfolge der Tätigkeiten festzulegen, etwa die unangenehmen zuerst, oder aber, wenn ich morgens noch müde bin, die angenehmen zuerst zu erledigen, als Vorschußlorbeeren sozusagen. Das muß jeder individuell entscheiden. Ich muß lernen, mich zu verwöhnen, ich will mich und meine Tätigkeiten ernstnehmen, dazu gehört auch, sie in einer gewissen Ruhe zu vollziehen, als etwas Wichtiges.

So will ich auch den Weg zum Bus zu einem Weg machen, an den ich so gerne denke wie zum Beispiel an meinen ersten Schulweg.

Ich will mich nicht mehr auf einen Punkt am Wegende fixieren und dahin stolpern, atemlos, wie durch feindliches Territorium.

Durch Gymnastik kann ich mein Körpergefühl entdecken und die Freude daran erfahren. Wenn ich mich selbstbewußt bewege (meiner selbst bewußt), tappe ich nicht mehr in meine kleinen Fallen:

Ich höre auf mit der Selbstbestrafung, mich unter Druck zu setzen.

Ich genieße mein Körpergefühl in der Bewegung.
Ich gönne mir den Luxus, Zeit zu haben; durch Einteilung gewinne ich sie.

Ich nehme das Jetzt in meinem Leben wahr und ernst.

16
Nichts kann mich mehr bewegen
(Bewegungsmangel – Zivilisationskrankheit)

Inge sitzt in der Küche und entsteint Pflaumen. Sogar für die Küche hat sie sich einen Drehstuhl gekauft, damit sie unnötige Bewegungen vermeidet. So kann sie also im Sitzen am Tisch arbeiten, wie jetzt, und nach einer Drehung um 180 Grad eine Schublade aufziehen, um ein schärferes Messer herauszuangeln. Praktisch ist das alles und so modern!

In Frauenzeitschriften wird generalstabsmäßig beschrieben, wie man einen Tisch abwischt, ohne ausgreifende Bewegungen zu vollführen und dennoch alle Krümel erwischt. Inge aber hat es noch besser gemacht, sie braucht sich nicht einmal mehr zu bücken, um etwas aufzufegen, das macht sie mit einem kleinen, an der Wand hängenden, griffbereiten Staubsauger. Schöne neue Welt!

Der Küchenroboter ist bereits erfunden, und er kann sogar sprechen, wie der amerikanische Coca-Cola-Automat, der sich artig für jeden Kauf bedankt. Aber ihren Kuchen backt Inge noch selber. Wenn Heinz und die Kinder nach Hause kommen, werden sie vor dem Fernseher Platz nehmen und Pflaumenkuchen essen. So soll das beschauliche Wochenende beginnen.

Jetzt aber entgleitet ihr eine Pflaume, rollt über den Boden, rollt unter das alte Küchenbüffet, das noch auf Füßen steht. Wohl oder übel muß sie aufstehen, vor dem Büffet niederknien und mit ausgestrecktem Arm nach der noch kullernden Frucht greifen. Das hätte sie lieber nicht tun sollen, denn ein Schmerz fährt ihr durch den Oberarm und in die Halswirbel, und er hält an. Sie versucht, die Schulter und den Kopf zu rollen, um wieder frei zu kommen.

Vergeblich.

Dieses dumme Handicap bringt nun Inges ganzen schönen Zeitplan durcheinander.

Wenn sie bereits ein modernes Küchenbüffet hätte, stünde es nicht mehr auf Füßen, sondern wäre mit einer Fußleiste dem Rest der Einrichtung angepaßt.

Liegt hier der Fehler, der ihr zu den Nackenschmerzen verholfen hat? Am liebsten würde sie es darauf schieben.

Um uns vor unnötigen körperlichen Anstrengungen zu bewahren, hat unsere Industriegesellschaft eine Menge von Konstruktionen hervorgebracht, die der Hausfrau nützen: Waschmaschinen, Trockner, Geschirrspülmaschinen, Staubsauger, Handmixer, elektrische Kaffeemühlen und Nähmaschinen. All diese Errungenschaften machen unnütze Bewegungen überflüssig, erleichtern uns das Leben.

So weit, so gut.

Die gewonnene Zeit ist ein Luxusgut. Für die Fortbewegung außerhalb des Hauses gibt es Fahrräder, Motorräder, Autos, Busse.

Irgendwann haben wir so viel Zeit und Bewegung erspart, daß wir die Zeit mit Freizeitbeschäftigung ausfüllen und die kleinste ungewohnte Bewegung unseren Bewegungsapparat partiell lähmt. So kann das Schieben eines Rasenmähers über die Fläche eines normalen Gartenrasens schon zuviel sein – kann das richtig sein?

Bewegung ist das halbe Leben – das Luxusgeschöpf der Industriegesellschaft hat also nur noch die andere Hälfte zur Verfügung.

Wenn wir uns vorstellen, ab morgen in einem Gefängnis zu sitzen, unserer Bewegungsfreiheit beraubt, werden wir todunglücklich. Ebenfalls haben wir Angst davor, als alte Frau oder alter Mann an den Rollstuhl »gefesselt« zu sein, wir stellen uns vor, wie dieser Mensch sich sehnsüchtig zurückerinnert an die Zeit, in der er hat aufstehen können, sich bewegen, herausgehen, Menschen treffen, Spaziergänge machen, die Natur betrachten, Luft atmen – und gleichzeitig verzichten wir vor der Zeit auf all diese Möglichkeiten, indem wir nur zweimal in der Woche einkaufen, möglichst mit dem Auto im Supermarkt, im Haus rationalisiert arbeiten, keine Bewegung zuviel machen, vor dem Fernseher zwar die Füße hochlegen, damit die Beine nicht schmerzen, aber zunehmend darauf verzichten, die Beine als Fortbewegungswerkzeug zu benutzen. Nachts bekommen wir dann Wadenkrämpfe.

Einige dieser Schmerzen können wir tatsächlich nur mit Bettruhe dämpfen und heilen. Aber wer hat unseren Wirkungskreis auf den Raum von 1 x 2 Meter eingeengt? Nur wir allein.

Aufgeben, reduzieren, rationalisieren! Nicht nur, daß wir keine beschwerlichen wochenlangen Atlantiküberquerungen mehr zu machen brauchen, der Intercity führt uns auch schneller als die Postkutsche an unser Ziel, aber unser ganzes Erleben und Lernen bleibt so auf der Strecke. Das Fernsehen kann es nicht ersetzen. So wie ich meinen geographischen Aktionsradius nicht mehr bewußt durchmesse, sondern überfliege, um ans Ziel zu kommen, enge ich meinen Körper in seinen Bewegungen ein, bis nur noch ein Rumpf herumsitzt. Und genau so fühle ich mich dann.

Dabei weiß ich, wie gut es ist, sich zu strecken, zu bücken, etwas zu heben, zu schieben, im Wechsel zu stehen, zu sitzen, zu hocken oder zu liegen. In der Vielfalt liegt die Würze des Lebens, und die Beine, Füße, Arme und Hände danken es uns, indem sie geschmeidig und ausdrucksvoll bleiben.

Was würden wir sagen, wenn alle Bäume um uns die Zweige herunterklappten, um Energie zu sparen und schließlich klein und verkrüppelt herumstünden? Es wäre eine ungeheure Unnatürlichkeit, nicht wahr?

Und wir, die »Krone der Schöpfung«? Haben wir unsere Natur denn ganz vergessen?

Wir sprechen von »falschen« Bewegungen, abgestorbenen Händen und eingeschlafenen Beinen.

»Falsche« Bewegungen aber gibt es nur für untrainierte Muskeln, und wenn schlecht durchblutete Extremitäten selten bewegt werden.

Wir kennen Rollstuhlfahrer, die täglich in ihrem Stadtviertel unterwegs sind und sehr beweglich überall hinkommen.

Sie lehren uns, daß die Lust am Leben durch nichts zu bremsen ist, daß Bewegung von innen kommen muß, und der Mensch dann einen Weg findet.

Wir geben dem »Sitzenbleiber« in uns jetzt ein wenig Nachhilfe, damit er geistig »beweglich« wird. Wenn ich nur dreimal wöchentlich zwanzig Minuten lang ein Ausdauertraining mache, bei dem ich ins Schwitzen komme, so kann mein Puls in der Ruhe von 70 auf 60 Schläge pro Minute sinken. Beim Treppensteigen etwa wird er dann nicht mehr 120, sondern nur 80 betragen. Das heißt, der Herzmuskel muß wesentlich weniger arbeiten, um die gleiche Leistung zu erbringen. Der Sauerstoff im Blut kann von den trainierten Muskeln besser ausgenutzt werden, auch die Gelenke bleiben geschmeidiger. Nicht zuletzt habe ich wesentlich mehr Freude an meinem Körper und somit am Leben.

Ich will jetzt keineswegs ein mörderisches Sportprogramm anpeilen, sondern nur spazierengehen, kleine Besorgungen mehrfach zu Fuß erledigen und im Haus gern aufspringen, mich bücken, strecken, drehen:

Ich will mich im Haus bequem kleiden, etwa in einen der schönen Jogginganzüge, der elastisch mit meinen Bewegungen mitgeht, in dem es angenehm ist, ein wenig zu schwitzen, da der Baumwolljersey die Feuchtigkeit aufnimmt.

Statt zuviel fernzusehen gehe ich lieber mal ins Kino – das vergrößert meinen Erlebnis- und Bewegungsraum.

Wenn ich vergessen habe, mir etwas bereit zu legen, freue ich mich, wenn ich noch einmal aufspringen kann, um es zu holen.

Ich begnüge mich nicht damit, die Sportler auf der Mattscheibe zu bewundern, sondern fühle das Leben in meinem Körper.

Ich will nicht zu früh erstarren – geistig nicht und körperlich nicht.

17
Ohnmächtige Seufzer ins Leere
(übermäßige Atmung – Hyperventilationssyndrom)

Hildegard kam vom Einkaufen zurück. Ihr Lufthunger trieb sie mehrmals täglich aus dem Haus. Draußen fühlte sie sich besser und etwas sicherer.

Nun aber war sie wieder allein, sie hatte sich vorgenommen, die Wohnung aufzuräumen und ihrem Mann die Hemden zu bügeln – er wollte verreisen.

Es gefiel ihr nicht, daß er schon wieder wegfuhr, um so hingebungsvoller widmete sie sich seinen Oberhemden.

Sie würde es schon schaffen, diese schleichende Angst zu überwinden. Wenn sie doch nur genug Luft zum Atmen finden würde. Ihre Hände und Füße fühlten sich ganz kalt an, obwohl es ein wunderschöner, goldener Herbsttag war. Da draußen lockte die prächtige Natur, in die er sich jetzt zurückziehen würde, ohne sie mitzunehmen.

Je ohnmächtiger sie sich ihm gegenüber fühlte, desto abhängiger wurde sie von ihm. Je mehr er seine eigenen Wege ging, desto häufiger schnappte sie nach Luft. Aber sagen wollte sie nichts, es würde sowieso nichts nützen, und es war allein ihre Aufgabe, sich aus dem Gefühl der Abhängigkeit zu befreien. Er würde mit Freunden wegfahren, oder mit Frauen? Ihre Freundin hatte sie das schon gefragt, aber Hildegard hatte ihren Edwin noch verteidigt. »Bist du denn von allen guten Geistern verlassen?« hatte Irma sie gefragt.

Ja, Hildegard hatte Angst. Angst vor dem, was in der Luft lag und Angst, es auszusprechen.

Sie konnte sich nicht richtig ärgern, manchmal bewunderte sie Frauen, die Wutanfälle bekamen, dann aber verachtete sie sie wieder, und ihr Leben lief weiter wie bisher.

Als sie beim dritten Hemd angelangt war, seufzte sie tief, aber sie bügelte weiter. Der Boden schien sich unter ihren Füßen ihr entgegenzuwölben; sie hatte, wie so häufig, ein Gefühl wie Watte im Kopf, eine Benommenheit, als würde sie gleich abheben.

Ständig mußte sie stark durchatmen, aber es ging nie bis zum Zwerchfell durch, so sehr sie es auch versuchte. Sie fühlte sich abgeschlagen und begann zu gähnen, konnte gar nicht mehr aufhören, sie stieß Luft durch die Nase aus, das Seufzen wurde immer stärker, dann begann auch wieder das verdammte Herzklopfen, was ihr immer den Rest gab.

Sie mußte sich wieder im Griff haben, wenn die Kinder aus der Schule kamen.

»Hör jetzt auf, Hildegard« sagte sie sich, »es ist doch bloß eine dumme Angewohnheit«, und es wurde etwas besser.

Ja, es ist eine Angewohnheit und eine dumme dazu, denn Hildegard sollte eher vor Wut schnauben, als sich seufzend krank zu machen. Je schneller sie sich entscheidet, ihrem Edwin seine ungebügelten Hemden vor die Füße zu werfen, schnaubend wie ein mutiges Streitroß, desto eher wird sie zu einem lebensfähigen Atemrhythmus finden, und nicht nur das – Edwin wird verwundert gucken und sich seine Reisepläne noch mal durch den Kopf gehen lassen müssen. Vielleicht wartet er nur darauf.

Menschen wie Hildegard seufzen vor Schmerz, Wut und Angst, ständig auf der Flucht vor direkten Auseinandersetzungen, ständig auf der Flucht vor Entscheidungen, die ihr reales Leben erfordert.

Sie atmen hauptsächlich mit dem Thorax (Brustkorb) und kaum mit dem Zwerchfell. Sie fühlen deutlich, daß sie falsch atmen, ohne es ändern zu können.

Das Hyperventilationssyndrom aber kann chronisch und gefährlich werden. Es ist eine »Störung des kardio-pulmonalen Regulationssystems durch vegetativ-nervöse Veränderungen der Steuerung des Kreislaufs« (dtv-Wörterbuch der Medizin). Die Betroffenen suchen ihr Heil in der Selbstbeherrschung, wenn sie sich in einer Konfliktsituation ohnmächtig fühlen. Sie haben zum Beispiel einen Kloß im Hals, haben Angst, die sich beklemmend breit macht, bis zur Erstickungsangst, und sie beginnen zu hyperventilieren, verstärkt zu atmen. Dabei kommt es zu einer vermehrten Kohlendioxid-Abgabe, zur Senkung des Kohlendioxid-Anteils im Blut und den Gewebeflüssigkeiten, woraufhin sich der pH-Wert etwas in den alkalischen Bereich verschiebt. Es kommt zur sogenannten Alkalose (Anhäufung basischer Stoffe im Blut). Die Alkalose wiederum führt zur Steigerung der neuromuskulären Erregbarkeit, die einen Krampfanfall, die Hyperventilationstetanie mit Pfötchenstellung hervorrufen kann. Die Angst verstärkt sich, erzeugt Erstickungsgefühle, der Mensch atmet noch heftiger und gibt noch mehr Kohlendioxid ab. Der Teufelskreis ist geschlossen.

Wir haben es hier mit dem psychisch bedingten Hyperventilationssyndrom zu tun, wie es bei 95 Prozent der Patienten vorliegt. Durch die Änderung der Kohlendioxid-Konzentration wird die Gehirndurchblutung gestört, wodurch das merkwürdige Gefühl der »Mattscheibe« entsteht. Es kann aber auch bis zur Ohnmacht gehen, womit der Körper am

Ende genau das ausdrückt, was der Initiator dieses Ablaufs fühlt: die Ohnmacht, sein Leben zu ändern, eine Klärung und Entscheidung herbeizuführen.

Jeder Mensch kann bewußt und willentlich hyperventilieren und wird dann nach wenigen Minuten kalte Hände und Füße haben, an den Handflächen und in den Achseln schwitzen und Herzjagen erleben.

Aber nicht jeder Mensch hat sich diese Falschatmung angewöhnt, wie Hildegard und sehr viele Männer und Frauen mit ihr. Sie alle nehmen es in Kauf, ihr Leben halbherzig zu führen und sich damit selbst in Erstickungsanfälle hineinzumanövrieren, die in ausgeprägten Angst- und Panikzuständen enden.

Sie erwarten Hilfe von außen für ihre Seelenpein.

Wie wir aus dem Märchen wissen, müssen ruhelose Geister manchmal Jahrhunderte lang vergebens seufzen und auf Erlösung hoffen, ohne daß die unschuldige Jungfrau oder der Märchenprinz sich ihrer annehmen und durch ihre Liebe das Geistermartyrium beenden. Wie wir aber auch aus dem Märchen wissen, haben diese Seufzenden in ihrem Leben etwas falsch gemacht, wofür sie büßen. Die Geister wissen um ihre Schuld und betteln um Erlösung.

Der Hyperventilierende weiß auch um seine Schuld, er verschließt seine Augen und Ohren, will nicht wahrhaben, was er sehen und hören könnte. Statt dessen erwartet er die Erlösung ausgerechnet von dem oder den Menschen, die die Ursache für sein Unglück sind, die ihm bereits Lieblosigkeit und die kalte Schulter gezeigt haben und ihn nun ganz sicher auch in diesem Konflikt mit dem Leben (der Atemluft) allein lassen.

Vergiß es! Ich muß mich stellen, ich muß mich dem realen Problem in meinem Leben stellen, sei es nun in der Familie oder außerhalb zu suchen. Ich habe den Teufelskreis durchschaut, nach dessen Mechanismus mein armer Körper zu atmen gezwungen ist, weil mein Geist mit vernebelten, unklaren Gedanken verstopft war.

Ich grabe also mutig nach den Ursachen, die mir zumindest halb bewußt sind. Wenn ich unbedingt wie eine Märchenfigur handeln möchte, lege ich meine Geisterseufzerei ab und probiere die Rolle des glutatmenden Märchendrachen.

Im Wechsel liegt die Lebenswürze.

Dieser Rollenwechsel wird eine Klärung bringen, weil der Prinz heute eine Prinzessin will, die um ihre Rechte kämpft, kein Aschenputtel.

Aber halt: Auch für Männer mit diesem Syndrom gibt es ein Lehrmärchen: *Der ergebene Freund* von Oscar Wilde.

Ich frage mich also, ob ich, wie der kleine Hans für den reichen Müller (oder die Müllerin) zugrundegehen will, oder ob ich lieber mal die Rolle eines Prinz Eisenherz einstudiere:

Ich vergesse meine Angst vor einer Herzkrankheit, weil ich mit richtigem Atmen kein Herzjagen und keine in den linken Arm ausstrahlenden Schmerzen mehr bekommen werde.

Ich lasse mir von einem Arzt oder Atemtherapeuten die richtige, die Zwerchfellatmung beibringen.

Ich werde, besonders in Ruhe, mit dem Zwerchfell atmen.

Ich lasse mich vom Arzt noch einmal genau über den Ventilationsmechanismus aufklären, damit ich meine falsche Angewohnheit durchschauen und ändern kann.

18
Die Nacht gewinnt über mich Macht

(gestörter Schlafrhythmus)

Josef konnte sich nicht erinnern, als Kind je Angst vor der Dunkelheit gehabt zu haben. In seiner Jugend in einer bayerischen Kleinstadt stand er jeden Morgen um sechs Uhr auf und ging , wie die ganze Familie, abends früh ins Bett, weil er ehrgeizig war und in der Schule nichts verpassen wollte. Diesen Rhythmus behielt er auch während seiner Lehrzeit bei.

Er machte sich selbständig, heiratete, nahm einen Freund als Partner in den Betrieb, arbeitete viel, ließ sich nach drei Jahren scheiden und zog nach Norddeutschland. Sein Handwerk war gefragt.

Er begann ein wenig das Nachtleben der nahen Großstadt zu erforschen. Das Angebot war reichhaltig, Kinos, Theater, Restaurants, Kneipen, Bars, Tanzpaläste – alles war nachts geöffnet. Manchmal ging er dann auch abends aus.

Diese deutsche Stadt war aber noch nicht sein Endziel. Er siedelte nach London über, wo er viel lernte, sowohl tags als auch nachts.

Im Lauf der Jahre verschob sich sein Wachleben immer mehr in die Nachtstunden. Er versuchte den Schlafmangel tagsüber auszugleichen, etwa nach der Arbeit oder am Wochenende. Das gelang ihm aber nur selten. Oft stand er um elf Uhr abends auf, um auszugehen.

Als er 35 Jahre alt war, hatte er ein starkes Schlafdefizit und nannte sich selbst einen nervösen Menschen. Am Tag wirkte er ausgeglichen, aber nachts wachte er um zwei oder um vier Uhr auf, um gar nicht oder nur nach langem, quälendem Wachliegen wieder einschlafen zu können. Oft ging er nachts aus, um der Macht, die die Nacht über ihn gewonnen hatte, etwas Aktives entgegenzusetzen. Dann kam er sich nicht ganz so hilflos vor.

So hatte er im Laufe der Zeit sein System ruiniert, und die Nacht war ein bestimmender Faktor seines Lebens geworden.

Rund die Hälfte unseres Lebens verbringen wir im Dunkeln, wir empfinden es als ganz normal, als selbstverständlich und erquickend und richten unser Leben danach ein.

Im Dunkeln gehen wir früher oder später ins Bett, strekken uns aus und fühlen, wie Müdigkeit und Schwere von unserem Körper Besitz ergreifen, wie er sich entspannt, die Gedanken träger werden, der Gedankenfluß unterbrochen wird und wir in den Zustand hinübergleiten, den wir Schlaf nennen.

Wir überlassen uns dem Phänomen Schlaf voller Vertrauen und werden damit belohnt, am nächsten Morgen frisch zu erwachen. Mit dem Hellwerden beginnt täglich ein neues Leben, das um so besser aussieht, je ruhiger der Schlaf war.

Über diesen Wechsel machen wir uns keine Gedanken.

Viele Menschen verschieben, besonders seit der Erfindung der Glühbirne, ihre Aktivität in die Nacht. Sie arbeiten, feiern, lesen, sehen fern.

All das geschieht, ohne über Nacht und Dunkel und die

Einsamkeit des Wachenden in der Welt der Schlafenden nachzudenken.

Was aber, wenn ein Mensch der Nacht hilflos ausgeliefert ist? Er geht ins Bett und kann nicht schlafen, er liegt, beginnt zu frieren oder zu schwitzen, liegt wie angenagelt, ohne daß die herrliche Entspannung sich einstellt. Das Wunder, das alle anderen immer wieder erleben, das Hinübergleiten in Morpheus' Arme – bei ihm bleibt es aus.

Er hadert mit seinem Schicksal, ist böse und unglücklich zugleich, fühlt sich am Tag schlecht und denkt mit Schrecken darüber nach, ob wohl die nächste Nacht genauso werden wird. Schläft er wieder schlecht, verliert er zunehmend die Hoffnung, jemals einen gesunden Schlaf finden zu können. Schnell prägt sich die Angst vor der Schlaflosigkeit zur Schlaflosigkeit aus.

Was aber geschieht wirklich im Schlaf?

Obwohl wir alle die Erfahrung haben, können wir sie schwer beschreiben. Schlaf kann wie ein Ausschalten sein, Erwachen wie Wiedereinschalten. Aber Schlaf kann uns auch starke Erlebnisse vermitteln – durch unsere Träume, ob wir sie nun erinnern oder nicht.

Manchmal wachen wir ganz verwirrt auf, als hätten wir noch den Zipfel einer Erkenntnis in der Hand, die uns wieder entgleiten will. Manchmal können wir den Traum in seine Inhalte zerlegen, die Erlebnisse unseres Tages bruchstückweise zu einem neuen Bild zusammengesetzt wiederfinden. Oft gibt es Erkenntnisse, ja Deutungen für Rätsel des Tages. So wird uns erst im Traum bewußt, daß wir einen Menschen lieben, und manchmal wird uns auch im Traum bewußt, warum wir diesen Menschen lieben.

Manchmal erscheint uns ein lieber, naher Mensch im Traum als diffuses, ungreifbares, sich entziehendes Wesen, lange bevor wir tags mit dem Kopf begreifen, daß er wirklich so ist. Wir können auch Leitsätze oder Lösungen für Rechenaufgaben träumen. In jedem Fall arbeitet unsere Psyche stark; sie arbeitet auf, während der Körper seine Depots auffüllt.

Wenn wir nun wie Josef die Nacht zum Tage machen, leben wir gegen die Natur.

Wir nehmen dem Körper nicht nur die Möglichkeit zum Regenerieren, sondern den ungelösten Fragen in uns eine Möglichkeit, Antworten zu suchen. Seele und Körper rächen sich mit Verweigerung, mit Entzug der natürlichen Gabe Schlaf.

Beginnen wir jetzt noch Schlafmittel zu nehmen beziehungsweise Stimulantien wie Coffein oder Nikotin, so kommen wir in einen überreizten Zustand, in dem der natürliche Wechsel von Frische und Müdigkeit nicht mehr spürbar wird und sich ausgleicht.

Schlaflosigkeit ist ein relativer Begriff. Erstens gibt es Perioden in unserem »Nachtleben«, die wir gar nicht als Schlafen oder Wachen definieren können. Zweitens brauchen wir oft auch weniger Schlaf, als wir nötig zu haben glauben.

Das Schlimmste aber ist die Erwartungsangst, wieder nicht schlafen zu können. Dieser Mechanismus kann sehr schnell greifen, ein Problem, das uns schon eine Nacht beschäftigt hat, kann uns dann auch eine zweite Nacht um den Schlaf bringen.

Haben wir eine Periode von Schlaflosigkeit schon einmal erlebt, so wird sie uns ein Leben lang im Gedächtnis bleiben und drohend am Erinnerungshorizont warten.

Wir müssen jetzt also, um unseres Schlafes wieder würdig zu werden, behutsam vorgehen.

Einerseits wollen wir unser Zubettgeh-Ritual studieren, eventuell verbessern, andererseits dürfen wir nicht zuviel darüber nachdenken, weil sich sonst durch die Hintertür wieder die Angst einschleicht und uns um den Schlaf bringt.

So gibt es zum Beispiel Menschen, die in jedem Hotelbett der Welt herrlich schlafen, die erste Nacht im eigenen aber als bedrohlich empfinden, als würden sich alle Wände verstellen und sie die Orientierung verlieren. In diesem Fall sollten wir vielleicht über das häusliche Leben nachdenken und die Schlafstelle ändern.

Es mag auch sein, daß das eigene Bett nur an schon einmal erlebte schlaflose Nächte erinnert und dadurch fremd wird.

Auch kann die Ablenkung vor dem Einschlafen durch Lesen oder Fernsehen uns innerlich so aufwühlen, daß dadurch das nächtliche Erwachen begünstigt wird.

All das müssen wir uns klarmachen, bevor wir versuchen, uns dieser Gedanken wieder zu entledigen, damit der Körper zur Ruhe kommen und der Geist angstlos seine nächtliche Arbeit ausführen kann.

Wir wollen wieder den Zustand des gesunden Tieres erreichen, das schläft, wenn es nicht gerade Futter sucht oder flieht:

Ich höre also auf, Schlafmittel zu nehmen.

Ich mache einen Abendspaziergang statt vor dem Fernseher zu sitzen oder in die Kneipe zu gehen.

Wenn ich Angst vor meinem Bett habe, schlafe ich wenn möglich in einem anderen Raum.

Ich verbiete mir einzuschlafen, so wie ich mir zum Beispiel bei einem langweiligen Vortrag das Einschlafen verbiete.

Ich versuche es mit Autogenem Training.

19
Mein Mann bringt mich um den Schlaf

(Im Traum wird Wissen freigesetzt)

Ina, 38 Jahre alt und zur Zeit nicht berufstätig, ist für zwei Wochen allein, und sie liebt diesen Zustand. Das ganze Haus ist so ordentlich, wie sie es sich immer erträumte.

Heute hat sie den Rasen gemäht, Unkraut gerupft, alle Wäsche gebügelt. Sie ist zufrieden mit sich, so zufrieden, daß sie früh den Fernseher abstellt, weil die Nachrichten aus aller Welt sie nur ablenken. Sie will früh ins Bett gehen, mit den drei neuesten Büchern, genüßlich lesen, sich in Gedanken verlieren und irgendwann sanft und wohlig in einen erquikkenden Schlaf sinken. Morgen früh will sie Briefe schreiben, sich durch niemanden dabei stören lassen.

Sie zieht den Sportanzug aus, den sie gern zur Arbeit trägt, nimmt ein Bad, cremt gewissenhaft Gesicht, Hals und Hände ein, zieht ihr schönstes Nachthemd an, tupft ihr Lieblingsparfüm aufs Handgelenk und zieht sich ins Schlafzimmer zurück. Sie lehnt sich in zwei dicke Kissen, wählt eins der Bücher, liest, löscht dann das Licht und schläft zufrieden ein.

Nachts um drei wacht sie auf, ihr Herz klopft stark und unruhig. Sie steht auf. Ihre Füße sind kalt. Sie geht an Karls Schreibtisch, sucht einen Brief aus dem Stapel, hält ihn in zitternden Händen und weiß, daß sie ihn lesen muß. Sie hat Angst, ihn zu öffnen, Angst, ihn ungeöffnet zu lassen. Ihre Hände werden feucht, der Kopf ist jetzt heiß.

Der Brief ist von einer Bank, sie öffnet ihn und liest. Fassungslos steht sie da. Jäh herausgerissen, nicht nur aus dem Schlaf, sondern aus ihrer ganzen bisherigen Gedankenwelt, steht sie da.

Der Brief war vor einigen Tagen mit der übrigen Geschäftspost aus dem Büro gebracht worden. Er kam von einer Bank, mit der sie nicht arbeiteten, wie Ina wußte, weil Karl es ausdrücklich betont hatte, mehrfach betont hatte.

Und dennoch hatte er dort ein dickes Bankkonto. Immer hielt er sie und die Kinder zur Sparsamkeit an, weil sie doch das Haus gebaut hatten. Sie hatte sich daran gehalten.

Warum ist sie aufgewacht, und woher hat sie im Schlaf den Impuls bekommen, sich diesen Brief anzusehen?

Jetzt fällt ihr ein, daß sie jede Nacht aufgewacht war, seit Karl weg ist. Aber sie hatte es auf den Vollmond geschoben. Am Tag war sie zufrieden mit ihrem Leben, sie machte öfter Bestandsaufnahme. Sie hatte einen erfolgreichen, aktiven Mann, Kinder ohne Schulschwierigkeiten, ein schönes Haus, genügend Abwechslung. Ja, sie fühlte sich sicher und geborgen. Machte gern Ordnung im Haus und freute sich, wenn Karl nach Hause kam, konnte sie doch neben ihm so viel besser schlafen.

Was war geschehen, und was hatte Ina nicht bemerkt, während es geschah? Sie besprachen doch alles miteinander.

Ina wird jetzt von Panik ergriffen. Ihre Gedanken jagen sich. Hätte sie den Brief doch nur nicht geöffnet! Eine Mischung von schlechtem Gewissen und Selbstbehauptungstrieb bemächtigt sich ihrer.

Einerseits will sie nicht darüber nachdenken, vergessen,

verdrängen, verzeihen – andererseits öffnet die Angst ihr die Augen.

Wer formuliert ihre Bedürfnisse? Führt sie ein eigenes, unverwechselbares Leben?

Sie ist die Putzfrau für Mann, Kinder, Haus und Garten geworden. Sie spart für Mann, Kinder, Haus und Garten, will nicht in den Beruf zurück, um dieser Idylle gerecht zu werden. Sie reduziert sich selbst auf ein gut funktionierendes Rad in dieser Maschine, und jetzt hat ihr Körper ihr einen Streich gespielt, sie aus dem Schlaf geworfen. Jetzt muß sie darüber nachdenken, sieht die Maschine von außen – und sich, das dumme, ersetzbare Rad.

Zwei Menschen führen nie ein Leben. Zwei Menschen führen zwei Leben, und in diesem Haus leben vier Menschen.

Sie glaubte, alles fest im Griff zu haben, weil sie es so sehen wollte. Sie hatte es immer geschafft, sich ihre Anfälle von Unzufriedenheit auszureden.

Haben wir es hier mit einem ahnungslosen Opfer zu tun?

Ja und nein.

Für die so erwachte Frau beginnt jetzt eine Lehrzeit. Der Erfolg hängt davon ab, wie schnell sie die Zusammenhänge begreift, wie schonungslos sie sich und ihre Ehe in Frage zu stellen wagt.

Mit veränderten Verläufen und Indizien und dem plötzlichen Erwachen sehen wir diese Entwicklung in vielen Ehen. Die Therapie heißt Selbsterkenntnis, auch wenn's wehtut.

Mein Mann ist nicht mein Besitz, ich aber auch nicht seiner. Wie kann ich mich zu einem Teil seines Besitzes machen und gleichzeitig noch seine Achtung erwarten?

Zum Lachen ist es, werde ich mir darüber klar. Was wir miteinander sprechen, sind Floskeln, die wir austauschen, um einen Zustand, wie er nun mal geworden ist, zu zementieren.

Warum aber bewundere ich gleichzeitig Menschen, die Unvorhergesehenes tun, Neues beginnen, kritische Fragen stellen, und unterwerfe mich ihnen, statt diese von mir so geschätzten Eigenschaften an mir selbst zu kultivieren?

Wie stark oder wie schwach bin ich – und wodurch? Wer war ich, wer bin ich, wer will ich sein?

Ich will wieder schlafen können, aber nicht nur, wenn jemand neben mir liegt. Schlaf ist eine natürliche Sache, ich will dieses Naturgeschenks wieder würdig werden.

Ein gutes Gewissen ist ein sanftes Ruhekissen, aber wenn ich meine Wünsche, Fragen, Aggressionen nicht ernst nehme, habe ich kein wirklich gutes Gewissen, weil ich mir selber diese existentiellen Bedürfnisse nicht gönne. Ich habe ein schlechtes Gewissen meiner wertvollen Person gegenüber, die ich durch mein Funktionieren im täglichen Leben einenge, immer mehr einschränke.

Ich habe Angst, zeige Wohlverhalten, verliere an Wert, habe mehr Angst, zeige ängstliches Wohlverhalten, halte mich für wertloser.

Das will ich ändern:

Ich spreche an, was mir nicht durchschaubar ist.

Ich kümmere mich auch um Wirtschaftliches.

Ich verdränge nicht meine Ahnungen, sondern gehe ihnen nach.

Ich nehme körperliche Symptome ernst und versuche ihren Aussagen auf den Grund zu kommen.

Ich beobachte meine Körperhaltung, mit der ich meinem Mann und meinen Kindern gegenübertrete. Denn gegenübertreten werde ich ihm, ihn zur Rede stellen, meinen Standpunkt behaupten. Was ich will, überlege ich mir genau, denn so wie bisher geht es nicht – das hat mich mein Körper gelehrt.

20
Nachts schlägt die Stunde der Wahrheit
(Potenzstörungen)

Ralf und Gitta sind seit sieben Jahren verheiratet. Beide werden in diesem Jahr dreißig. Manchmal glaubt Ralf, daß sie sich schon ähnlich sehen wie alte Ehepaare, aber vielleicht sind sie nur von ähnlichem Typus. Manchmal glaubt Ralf, daß Gitta sich zu gut mit seiner Mutter versteht, manche halten sie sogar für die Tochter seiner Mutter, er findet es gar nicht mehr witzig.

Nicht, daß Ralf etwas gegen seine Mutter hätte, aber irgendwie kommt ihm Gitta zu schwesterlich vor, nicht rätselhaft genug, nicht unerreichbar. Außerdem ist sie immer verfügbar.

Wenn er das mit den Reden seiner Freunde am Stammtisch vergleicht, kommt er sich vor, als wäre er betrogen. Er weiß zwar nicht, um was und von wem, aber irgend etwas fehlt, das weiß er.

Natürlich schläft er mit Gitta, aber längst nicht so oft wie seine Freunde mit ihren Frauen, Geliebten oder Freundinnen. Er wird immer unsicherer, weil so recht keine Freude aufkommt. Nur wenn Gitta mit anderen flirtet, will er sie wieder in seinen Besitz bringen – dann aber geht es bei ihm zu schnell, und sie zeigt ihre Enttäuschung.

Es kann doch nicht wahr sein, daß er schon an Potenzstörungen leidet. Es muß an Gitta liegen.

Also entschließt er sich, es mit einer anderen zu versuchen.

Sehr vorsichtig geht er zu Werke, aber endlich hat er ein geheimes Rendezvous. Sie ist älter als er und sieht ganz anders aus als Gitta. Wenn das keine Garantie für eine erfolgreiche Nacht ist!

Am nächsten Tag allerdings ist Ralf total frustriert. Das Mittel zum Zweck hat gänzlich versagt, an Ralf aber kann's ja nicht liegen.

So mechanisch sehen leider viele Männer den Liebesakt. Wenn nun auch noch die Manifestation ihrer Männlichkeit buchstäblich den Dienst versagt, ist Alarmstufe Eins erreicht. Das Wort Potenz hängt wie eine drohende Macht über ihnen, mit der Aufforderung, durchs Ziel zu laufen, als Sieger. Ein Mann, seiner Potenz beraubt, ist nichts wert, er fühlt sich blutleer, jedem Spott preisgegeben.

Wenn Frauen es nicht schaffen, auf sportliche Hochtouren zu kommen, ist das in Ordnung, dafür haben Männer den Begriff »frigide« bereit. Damit haben sie nichts zu tun, aber mit dem eigenen Versagen sind sie so gestraft, daß sie gar keinen Ausweg mehr sehen.

Da zum Liebesakt zwei Menschen gehören, muß der Schlüssel zum Gelingen in der Zweierbeziehung liegen. Ist doch eigentlich ganz klar. Einer allein ist nie frigide oder impotent, das sind Etiketten, die wir gern dem anderen aufkleben, um ja nicht darüber nachdenken zu müssen, welche Gedanken sich am Tag bei uns einschleichen und dann nachts den Griff nach den Sternen erschweren.

Sie meckert tags, er rächt sich nachts mit Entzug.

Sie ist die mittelalterliche Madonna ohne Unterleib, er empfindet sich als Eindringling.

Er sagt ihr, sie rieche nach Wein, Rauch, Knoblauch, sein Zug fährt ohne sie ab.

Ein wunderschönes Spiel soll es sein. Die täglichen Spielchen aber geben den nächtlichen keine Chance, nach eigenen Regeln abzulaufen.

Wir haben es hier mit einem großen, komplexen Geschehen zu tun. Unsere ganze Erfahrung, alles Erlernte liegt mit im Bett, will überwunden, vergessen oder mitgeteilt werden. Vertrauen, Neugier, Selbstbewußtsein, Entdeckerfreude, Wünsche nach Geborgenheit, Besitzen und Besessenwerden, ja nach Besessenheit, werden wach und wollen leben.

Ich darf nicht darüber nachdenken, wie ich meine Nachterlebnisse in den Tag herübernehme, durchleuchte, prüfe, abhefte. Sie sollen ihr Eigenleben entfalten können und so zum großen Tank werden. Lassen wir beides getrennt voneinander.

Die Beherrschung, die ich mir im Arbeitsleben auferlegen muß, die oft auch zu einer starren, aufrechten Körperhaltung führt, will ich mit meiner Kleidung ablegen, um weich, schmiegsam, entspannt, warm, zärtlich und erwartungsvoll zu werden.

Meine Gefühle will ich fühlen und sonst gar nichts. Auch Bewegung ist Gefühl. Je intensiver die Gefühle aufleben, desto tiefer wird das Atmen, wie von selbst finden die Körper ihren Rhythmus, bis im Orgasmus die völlige Selbstaufgabe Leib und Seele ergreift, entspannt, heilt, alle Ängste wegwischt.

Was heißt Potenz, welcher Schiedsrichter entscheidet darüber, was genügt und was mangelhaft ist?

Ich lasse doch auch niemanden zugucken und beurteilen, wie und ob ich mir die Zähne richtig putze. Ich will jetzt mal die Angebereien der anderen Männer völlig vergessen. Vielleicht ist der größte Aufschneider der unsensibelste Holzbock, wenn es um Liebe geht. Sollen sie doch ihre blöden Reden für sich behalten. Für mich ist nur wichtig, mit der Frau, die ich für mich will, ehrlich zu sein. Sie wird das fühlen und auch ehrlich sein können. So kann ich dann schrittweise aufbauen, was zu einem beglückenden sexuellen Austausch führen wird.

Es ist auch unfair, wenn ich meine Frau mit meiner Mutter identifiziere, denn sie ist nicht meine Mutter. Die Aggressionen, die ich womöglich gegen meine Mutter habe, muß ich an ihr, am Tag, bei vollem Bewußtsein abreagieren. Dazu gehört Mut, aber meine Frau kann mir nicht die Defizite meiner Kindheit ersetzen. Ich muß mich von meiner Mutter lösen, notfalls mit Gewalt, aber das steht auf einem anderen Blatt.

Wenn ich weiterhin alles miteinander vermische, blockiere ich mich selbst, übertrage die Wut, die ich auf die eine, die erste Frau in meinem Leben habe, auf meine Ehefrau und wie in Ralfs Fall auch noch auf eine dritte, bis meine Männlichkeit sich in meinem Netz von Weiberhaß verfängt und gefangen reglos wird. Ich sehe mich dann zunehmend als Spielball des mächtigen anderen Geschlechts und verliere meine Identität und letztlich meine Potenz. Aber all das spielt sich in meinem Kopf und meinem Herzen ab und erst danach in meinem Penis.

Ganz langsam will ich mich zu einem natürlichen Wesen entwickeln, das wie ein gesundes Tier den Körperkontakt sucht.

Wie unwiderstehlich finden wir doch eine Katze, die sich schnurrend an unsere Beine drückt. Beharrlich und selbstverständlich sucht sie unsere Zuneigung – wir können gar nicht anders, als uns zu bücken und sie zu streicheln. Und – die Berührung des warmen Körpers tut auch uns gut – wir sind von Natur aus so angelegt. Also weg mit den Zwängen. Die tobe ich tagsüber an meiner EDV-Anlage aus:

Der Frau in meinem Leben will ich spontan etwas Liebes sagen, wenn's mir gerade einfällt.

Ich will sie jederzeit berühren oder umarmen können, auch wenn andere dabei sind.

Ich erkenne, daß in diesem Mut die wahre Männlichkeit liegt.

21
Von einem Urologen zum anderen
(Potenzstörungen, Prostataleiden – Prostatopathie)

Albert ist ein Einzelgänger. Tagsüber arbeitet er im Großraumbüro einer Versicherungsgesellschaft, abends zieht er sich in sein Appartement zurück, das er vor drei Jahren, nach seiner Scheidung, bezogen hat.

Er hält das für einen richtigen Ausgleich, da er täglich unter Menschen ist, vergißt aber, daß er auch tagsüber anonym, ohne wirklichen, menschlichen Austausch, in einer Art Isolation lebt, die er abends dann noch vollendet.

Er ist 39 Jahre alt und trübsinnig. Er ist einsam und will keine feste Partnerschaft mehr eingehen. Er hatte schon erwartet, daß es mit der Ehe nicht klappen würde, und so scheiterte sie schon nach zwei Jahren und wurde geschieden. Alberts Leben sieht grau aus, er leidet unter Angstzuständen, kann aber niemandem sein Leid klagen, am wenigsten einer Frau. So empfindet er sich zunehmend als unattraktiv, kann gar nicht verstehen, wieso andere Vierzigjährige voll im Leben stehen, gerne arbeiten, Sport treiben, Frauen oder Freundinnen haben ... und auch Spaß.

Albert hat Potenzstörungen und nun schon seit Jahren Schmerzen in der Leistengegend, die manchmal bis in die Hoden ausstrahlen, er leidet unter vermehrtem Harndrang und Brennen beim Urinieren. Im Laufe der Zeit hat er Angst vor Prostatakrebs entwickelt, und so irrt er wie Odysseus in einer jahrelangen Irrfahrt von einem Urologen zum anderen.

Die Urologen nennen es auch Odysseus-Syndrom. Die Patienten wollen einen klinischen Befund hören, und wenn der nicht vorliegt, suchen sie den nächsten Arzt auf.

Ein Arzt aber würde unverantwortlich handeln, diesen Männern antibakterielle Medikamente zu verordnen, wenn keine Bakterien festgestellt worden sind. Er kann keine Operation in Erwägung ziehen, wenn die Prostata nicht krankhaft vergrößert ist. Manchmal werden Tranquilizer verschrieben, aber das Problem wird so nicht gelöst und somit das subjektive Befinden nicht verbessert.

Jetzt sitzt Albert mal in einer Kneipe, guckt in sein drittes Bier, hört seinen Bekannten zu – Freunde hat er nicht – wie sie dumme Sprüche machen und denkt, die haben gut lachen, weil sie gesund sind.

Sein einziger Trost ist, daß er in der nächsten Woche wieder einen Termin bei einem neuen Urologen hat. Voller Erwartung sucht er ihn auf, und diesmal hat er das Gefühl, daß der ihm helfen könnte.

Der Arzt hört ihm lange und freundlich zu. Dann fragt er, bei wieviel anderen Ärzten er schon gewesen sei. Albert möchte leugnen, entschließt sich aber, die Wahrheit zu sagen. Daraufhin antwortet der Arzt: »Ich möchte Sie einige Zeit regelmäßig sehen, wir werden es gemeinsam in den Griff bekommen. Ich werde Ihnen helfen.«

Das ist für Albert der erste Schritt in ein neues Leben. Heraus aus der Misere, in der mit ihm viele Männer seines Alters stekken.

Der Kranke lernt jetzt, sich vertrauensvoll zu öffnen und dem Arzt eine Chance zu geben, ihn zu verstehen und ihm zu helfen. Er verlernt seine Ungeduld dem Arzt gegenüber und nimmt Abstand von jeder Schuldzuweisung. Er lernt sich selber kennen. Gemeinsam versuchen sie, Licht in die Biographie des Kranken zu bringen und herauszufinden, warum es zu den Verspannungen im Genitalbereich hat kommen können.

Der Penis ist für den Mann Sitz des Selbstwertgefühls; funktioniert er problemlos, sei es beim Geschlechtsverkehr, sei es beim Urinieren, ist das Selbstwertgefühl intakt, der Mann fühlt sich potent, das heißt: mächtig.

Er braucht sich nicht in Frage zu stellen, kann sich auf sich verlassen, hat Freude an der Liebe und somit Freude am Leben. Eine ganz selbstverständliche Freude wie etwa am guten Essen oder am geselligen Beisammensein mit Menschen.

Diese Entwicklung tritt beim Knaben im dritten Lebensjahr ein. Er ist stolz auf sein Glied, und im späteren Leben wird er in den Wettkampf mit anderen Penisbesitzern eintreten; die Potenz wird sich dann auch anders darstellen lassen, etwa durch Macht, Geld oder ein starkes Auto.

Aber der Wettkampf bleibt bestehen und ist ein Motor für so manches Geschäft.

So wie die werdende Frau ihre weiblichen Formen lieben soll, um nicht krank zu werden (siehe Anorexia oder Bulemia), muß der erwachsen werdende Mann seinen Penis lieben und das, was er verkörpert, das Mannsein. Wenn ihm das nicht gelingt, ist irgend etwas in seiner Entwicklung schief gelaufen.

In der natürlichen Aggressivität, die eine Lebensäußerung ist (die zum Beispiel im vulgären »jemanden anpissen« zum Ausdruck kommt), liegt genausoviel Antrieb wie im unermüdlichen Trieb, eine Frau erobern zu wollen. Wenn diese Aggressivität, dieser Motor nicht läuft, wenn das ureigenste männliche Instrumentarium lahmgelegt ist, ist die Lebensfreude verschwunden; aus dem Gesunden wird ein Klagender, ein Kranker.

Diese Männer aber sind Frauen nicht etwa verwandter, sondern dadurch, daß sie ihre Rolle nicht annehmen, noch unfähiger, vom Gegenpol, dem weiblichen, etwas Positives zu erwarten, geschweige denn zu lernen oder sich auf einen vertrauensvollen Austausch einzulassen.

Männer mit chronischer Prostatitis sind oft als Kinder Bettnässer gewesen, womit sie gegen die Übermacht der Eltern protestierten. Sie haben sich nicht mit der Figur ihres Vaters identifizieren können und können nicht »loslassen«, nicht beim Wasserlassen und nicht bei den Gedanken an Mißerfolge, selbst wenn diese lange zurückliegen. Sie wollen auch ihren Gefühlen keinen freien Lauf lassen, weil sie ja wieder verletzt werden könnten.

Sie setzen auf Sicherheit und wollen durch Verweigerung Macht ausüben, wie schon das bettnässende Kind. Ja, sie wollen Macht über den Urologen ausüben, indem sie ihm die Schuld an ihrem Nichtgesundsein zu geben versuchen.

Verspannungen im Genitalbereich simulieren dann die Empfindungen wie sie bei wirklichem Prostata-Adenom auftreten, wenn ein tastbarer Befund wirklich das Urinieren erschwert oder unmöglich macht.

Aber kein Urologe wird einem Patienten verschweigen, wenn etwas nicht in Ordnung ist.

Der Patient muß also selbst von seinem Mißtrauen Abstand nehmen, damit er seine Odyssee beenden und in den Heimathafen einlaufen kann, sprich, zu sich selbst finden kann.

Ich will mich also prüfen: Wie sparsam bin ich mit Gefühlszuwendungen, warum traue ich niemandem über den Weg?

Ich bin der Schöpfer meines Weltbildes. Gewiß, Gefühle wechseln, bei mir und bei anderen. Aber es ist immer noch besser und lebendiger, diesen Kampf um »etwas« gewinnen zu wollen, als mein pessimistisches Leben zu führen, dessen

Pessimismus ich noch dadurch füttere, daß ich nichts anderes erwarte. Ich komme mir armselig, unattraktiv, freudlos vor, und genauso sind meine Körperfunktionen. Sie tröpfeln wie meine Gefühlsausbrüche – bald werden sie ganz versiegen.

Ich leide aber an keiner Krankheit, mit der ich mich von außen infiziert habe, vielmehr ist sie ein Ausdruck meines innersten Ich, das sich nicht hingeben, loslassen, verströmen will, weil ich ihm einen Riegel vorgeschoben habe, um mich vor weiteren Verletzungen zu schützen. Ich will aber so nicht weiterleben. Zum Leben gehören Mut und Risikobereitschaft.

Potenz ist Macht – Impotenz ist Machtlosigkeit.

Potenz ist aber auch die Kraft zur Sanftheit, zum Vertrauen, zur Bindung:

Ich will Herr sein über die Funktionen in meinem Urogenitalbereich.

Ich will mich zu meinem Mannsein und zu gesunder männlicher Aggressivität bekennen.

Ich will mich nicht ständig zurücknehmen und selbst bestrafen, sondern etwas von meinem Ego opfern und neugierig auf das Leben und die Lebensfreude werden.

Mit der Angst vor mir selbst überwinde ich die Angst vor der Frau – ich sehe die Frau als gleichberechtigtes Wesen.

Meine Angst und Verspannung verliere ich mit Autogenem Training.

Ich plane einen Urlaub in warmen Ländern, denn Wärme hilft auch.

22 Meine Sexualität holt mich ein

(Seelisch bedingter Scheidenausfluß und Scheidenjucken – psychogener Fluor und Pruritus vulvae)

Angelika ist eine äußerst gepflegte, erfolgreiche, junge Geschäftsfrau.

Sie hat sich für Leistung entschieden und ist mit ihrem Leben und ihren Erfolgen zufrieden. Sie legt großen Wert auf elegante Kleidung, perfektes Make-up, Körperpflege und gut geschnittene Haare.

Man soll ihr den Erfolg auch ansehen, weil sie hart und mit großem Einsatz dafür arbeitet.

Aber Angelika trägt ein verborgenes Problem mit sich herum, das sie schamhaft und mit Ekel an sich wahrnimmt.

Hätte sie ständigen Kontakt mit wechselnden Geschlechtspartnern, würde sie ja verstehen, daß sie unter Ausfluß und Juckreiz im Scheidenbereich leidet, so aber? Gerade sie, die sich eindeutig für die Karriere und gegen eine Bindung entschieden hat, ja in den letzten Jahren kaum Intimverkehr mit einem Mann hatte, versteht diese »Bestrafung« nicht.

Gerade als sie in den Vorbereitungen für die Eröffnung einer Filiale ist, werden die Beschwerden so stark, daß sie einen Gynäkologen aufsuchen muß.

Im Gespräch sagt sie, daß sie besondere Angst vor der Ansteckung mit einer Geschlechtskrankheit hat und gar nicht versteht, was sich hier abspielt. Der Arzt kann im Test keine Trichomonaden oder Pilze feststellen, verschreibt ihr aber etwas für die Kratzwunden.

Der Fluor hat, wie sie nun weiß, keine nachweisbare Ursache, aber er hört nicht auf, sondern wird mit dem Streß eher noch heftiger.

Angelika ist unglücklich und hilflos. Gerade jetzt, wo sie ihrer allzu früh schwanger gewordenen Schwester und ihrer Mutter, der es nicht besser ergangen war, beweisen will, wie gut man auch ohne Mann leben kann, muß sie diese erniedrigende Krankheit ausgerechnet an den Geschlechtsorganen entwickeln.

Natürlich läßt Angelika darüber kein Wort verlauten, denn ihre Mutter würde sie womöglich mit ihren so anderen Auffassungen von »Weiblichkeit« noch zusätzlich aufregen und verunsichern. Mit diesem Gedanken kommt Angelika der Wahrheit schon gefährlich nahe. Aber gerade das will sie ja nicht wahrhaben. Eros, Sexualität und Mutterschaft haben in ihrer Zukunftsplanung keinen Platz. Nicht, daß sie nicht gern flirtete, man muß sich ja seinen Wert bestätigen lassen, aber es reicht ihr, zu wissen, wie stark die Männer an ihr interessiert wären – darauf einlassen muß sie sich nicht.

»Das muß ich nicht haben«, lautet ihr Spruch. Ihr Körper aber scheint diesen Spruch nicht zu begreifen und stellt durch übermäßige Sekretion das bereit, was für einen normalem Geschlechtsverkehr in normalen Maß bereitgestellt wird. Es handelt sich um keine organische Krankheit, nur um gestörte Sexualphysiologie.

Gedeutet wird diese übermäßige Sekretion als Libidofluor oder als Abwehrfluor. Der Libidofluor steht für unerfülltes sexuelles Begehren, der Abwehrfluor signalisiert eine wirksame Abwehr gegen sexuelle Kontakte, da sie als störend empfunden würden.

Besonders ehrgeizige Frauen wollen sich nicht mit ihrer biologischen Rolle als potentielle Mutter identifizieren und suchen eine männliche Identifikation. Das heißt natürlich keinesfalls, daß alle erfolgreichen, ehrgeizigen Frauen an psychogenem Fluor leiden.

Der Juckreiz kann in jedem Alter auftreten und die Betroffene schier zum Wahnsinn treiben, da er, wo immer er auftritt, ein irritierendes, vages Phänomen ist.

Gut geht es dem Menschen, der zu allem ehrlich sagen kann: »Das juckt mich nicht.«

Andererseits heißt Juckreiz im Lateinischen »Pruritus«, was sowohl Jucken wie auch Lüsternheit bedeutet.

Offensichtlich kann der geschlechtsreife Mensch sich drehen und wenden wie er will, er wird von seiner natürlichen Sexualität eingeholt. Je mehr er seine sexuellen Wünsche zu leugnen versucht, desto deutlicher werden oft die Signale seines Körpers. Nach Kemper (Die Störungen der Liebesfähigkeit beim Weibe, Darmstadt 1975) stellt der Pruritus vulvae die »Zerrform einer allgemeinen sexuellen Erregung« dar.

Auch diese Ausdrucksform ist ambivalent und weist auf unterdrückte oder unerfüllte sexuelle Wünsche hin, je nach Biographie der Betroffenen.

Wie weit auch immer die Patientin bereit ist, die Maximen ihres Intimlebens zu überdenken, an einem kommt keine Frau vorbei: Sie ist als Frau geboren, mit einer besonderen hormonellen Ausstattung, primären und sekundären Geschlechtsmerkmalen, und sie wird ihr Leben als Frau leben.

Dies ist keinerlei Wertung, sie wird weder Kinder gebären müssen, noch zu heiraten gezwungen sein – aber sie muß ihr Frausein annehmen, um eventuellen psychosomatischen Störungen vorzubeugen oder sie abzustellen.

Keiner intelligenten, kreativen, leistungswilligen Frau soll es einfallen, einen Mann kopieren zu wollen oder Männer als Maßstab ihres Handelns zu nehmen. Tut sie das, fixiert sie sich zu sehr auf Männer und bringt damit nolens volens ihren Hormonhaushalt durcheinander. Und gerade das will sie ja nicht. Es ist eine verzwickte Situation, in dieser Welt am Ende des zwanzigsten Jahrhunderts. Noch ist alles in der Arbeits- und Geschäftswelt auf Männer und ihr spezifisches Verhalten zugeschnitten.

Die Abläufe sind von Männern erdacht und in ein funktionierendes System umgesetzt worden. Und da Männer ja nun noch weniger mit einem »Frauenkopf« denken können als Frauen mit einem »Männerkopf«, ist es nicht verwunderlich, daß sie es ganz so nach ihrem Wertesystem, ihrer Ratio folgend eingerichtet haben. Ihre Ratio heißt: Rechnung, Berechnung, Geldgeschäft, Überlegung, Vernunft.

Soll nun die Frau auf dieser Schiene zu laufen versuchen, oder soll sie vielmehr das einsetzen, was Intuition heißt, nämlich die seelische oder geistige Kraft, zu wissen, ohne zu berechnen?

Im Kampf der Geschlechter neigt jede Seite dazu, die dominierende Fähigkeit der anderen in Mißkredit zu bringen. Das führt zu nichts.

Beiden gemeinsam ist Intelligenz, also Verständnis, Einsicht, Sinn. Einsicht aber will Einsicht nehmen, vor nichts haltmachen, kennenlernen, offen sein, austauschen und vergleichen, anhören und abwägen.

Die wirkliche Intelligenz liegt im Annehmen des anderen, nicht im Abblocken.

Jeder muß mit seinem natürlichen Potential arbeiten und umgehen wollen, das andere Geschlecht lieben können, damit das eigene seine volle Kraft entwickeln kann.

Kontakt statt Isolation heißt die Forderung, die das Leben nicht aufhören wird an uns zu stellen. Gehen wir dem Kontakt aus dem Weg, werden wir höchstens ahnen, was unsere Individualität ausmacht, es aber nicht erfahren können:

Ich aber will mich als einmaliges, individuelles Wesen kennenlernen.

Ich will mich als Frau annehmen.

Ich will mir meine Angst eingestehen und sie dadurch überwinden.

Ich will sowohl Nähe als auch Alleinsein erfahren.

Sicherheit kann ich nur erfahren, wenn ich Wandel und Risiko erlebe, denn dann bin ich meiner sicher.

Ich überlege mir, was in meinem Leben fehlt und was ich mit meinem übergroßen Engagement kompensieren will.

Ich gehe in mich und heile meine Krankheit, statt sie von außen mit Ekel zu betrachten.

23
Die unnötige Verweigerung
(Unfähigkeit, einen Orgasmus zu erleben – Frigidität)

Das Wort klingt noch schlimmer, als die Sache selbst schon ist. Es kommt von frigidus (= kalt) und heißt so viel wie Geschlechtskälte. Oft suchen Frauen, die mit diesem unmenschlichen Etikett bedacht worden sind, bei sich einen organischen Defekt. Meistens handelt es sich aber um nichts anderes als um eine Fehlhaltung. Auch dieses Wort enthält so etwas wie einen Tadel, und so empfinden Frauen den Makel der Frigidität auch meistens.

Dabei sind sie selbst die Gestraften. Der Ausdruck bezeichnet ihre Unfähigkeit, zum Höhepunkt geschlechtlicher Lust zu kommen, meist als Anorgasmie etwas spezieller benannt. Aber auch angrenzende Störungen, wie mangelnde sexuelle Bereitschaft, fehlendes Verlangen, Ausbleiben der Lustempfindungen überhaupt, geringes Interesse am anderen Geschlecht oder zu wenig entwickelte Fähigkeit, eigene Wünsche zu zeigen oder Gefühle auszudrücken, werden mit diesem ungenauen Sammelbegriff gekennzeichnet.

Diesen Ausdruck kann nur ein Mann erfunden haben. Bei Männern ist der ganze Vorgang – fast möchte man sagen unverschämt – einfach: Die Schwellkörper des Penis füllen sich mit Blut, er wird erigiert und groß und mit der Ejakulation tritt automatisch auch der Orgasmus, der Höhepunkt der Lustempfindungen ein. Während des Aktes konzentrieren sich sein Fühlen und Empfinden, seine Absicht und sein ganzes Interesse auf diesen einen Punkt. Darin liegt seine Stärke und seine Schwäche zugleich. Dafür sind seine Gefühle weniger differenziert und – sofern man hier vergleichen kann – wohl auch weniger stark entfaltet.

Bei der Frau ist alles komplizierter und an vielfältigere Voraussetzungen geknüpft. Darum wohl ist der ganze Hergang störungsanfälliger als beim Mann. Ihr Orgasmus ist eine Summe von vielen zärtlichen Berührungen und Einstimmungen, die der Mann in dieser Form meistens nicht nötig hat.

Marion, 41, fiel ihrer Familie in der letzten Zeit durch ihr unzufriedenes und nörgeliges Verhalten auf. Sie stand schon morgens mürrisch auf, in der Küche ging ihr fast täglich etwas schief, und sie war mit der ganzen Familie, vor allem aber auch mit sich nicht zufrieden.

Seit einiger Zeit klappte es im Bett nicht mehr. Sie empfand einfach nichts, und hatte auch kaum Lust, mit ihrem Mann zu schlafen. Wenn sie ihm etwas andeutete, stieß sie auf Unverständnis.

Er war ein sportlicher, dynamischer und selbstbewußter Typ, der sich ein Ziel setzte und es dann auch unmittelbar ansteuerte und meistens erreichte. Genauso ging er in der Liebe vor und hatte für Umwege, Abwarten, Komplikationen keinen Sinn und keine Zeit. So konnte er sich auch auf Marion nicht einstellen, wollte dies vielleicht auch nicht.

Marion fühlte sich unverstanden, und der Organismus reagierte mit Verweigerung.

Für ihn war es klar: Sie war nach dem Waldlauf am Abend

und dem entspannten Nachtessen für ihn der Höhepunkt des Tages; er nahm sie kurz und sportlich und schnell – eben ein richtig tüchtiger Kerl.

Sie dagegen erlebte diese Art von Vereinigungen zunehmend wehmütig und traurig und eher den Tränen nahe als entspannt und glücklich, wie er es eigentlich erwartete. Sagte sie ihm dann einmal, daß er früher zärtlicher, geduldiger und ausdauernder gewesen sei und sie dies vermisse, so konnte er es gar nicht verstehen und gab ihr im Grunde die Schuld. Sie sei »steif wie ein Brett«, mache gar nicht richtig mit und sei wohl frigid. Damit war das böse Wort heraus und sie festgelegt, ins Fläschchen gesperrt und etikettiert.

Marion konnte mit dieser Etikettierung nicht gut umgehen. Sie empörte sich zwar dagegen, hatte aber nichts besseres vorzuweisen. Auch hatte sie niemanden, mit dem sie darüber sprechen konnte. Für die Freundin war das Thema zu intim, ihr Mann wollte nicht verstehen, und der Gang zu einem Psychologen oder Psychotherapeuten wäre ihr wie ein weiteres Eingeständnis ihrer Unfähigkeit vorgekommen. So verschloß sie das Problem in sich selbst. Aber da blieb es nicht, sondern es drängte für alle erkennbar nach außen. Sie wurde unzufrieden, mißmutig, nörgelig.

Es kam, wie es in solchen Fällen oft kommt: Ihrem Mann lief nach einiger Zeit eine nette, kuschelige, junge Frau über den Weg, die ihn verführte und bei der er alles zu finden glaubte, was ihm fehlte. So ging es eine Zeit gut, schien vielmehr gut zu gehen, denn zunehmend geriet er in die Zange: die Freundin beklagte sich über zuwenig Zeit und Aufmerksamkeit. Marion, seine Frau, bekam es heraus und machte ihm bittere Vorwürfe, wurde jedoch selbst noch unglücklicher und verzweifelte an ihrem Schicksal. Auch ihr Mann war unglücklich. Offenbar hatte er seine Sportlichkeit überschätzt, und als dann seine Freundin kurz und bündig mit ihm Schluß machte, stand er vor einem großen Scherbenhaufen.

Zum Glück war Marion liebevoll und geduldig genug, mit

ihm einen neuen Anfang zu machen. Im Grunde war dieses gemeinsame Scheitern eine gute Basis, alle Probleme gemeinsam aufzurollen und zu klären.

Marion hatte jetzt Mut, einmal offen auszusprechen, was ihr in den gemeinsamen Liebesstunden abging und worunter sie litt. Erstmals ließ er sich sagen, daß eine Frau mehr braucht als die schnelle körperliche Eroberung. Sie machte ihm verständlich, daß es ihr an der wirklichen Zuwendung, an werbendem Bemühen, an seelischem Einklang, an Innigkeit und Vertrautheit gefehlt hatte.

Die wenigsten Frauen sind wirklich frigid. Zwar haben manche Mädchen auf dem Weg zur erwachsenen Frau viele Ängste und Hemmungen erworben und viele negative Einstellungen und ablehnende Haltungen zu Liebe und Sexualität übernommen. Oft sind es ängstliche Mütter, die die Töchter noch ängstlicher machen, die sie vor dem Mann warnen, der »nur das eine« will.

Hinzu kommt, daß die sexuelle Reifung beim Mädchen blutig und beängstigend verläuft, beim Jungen dagegen lustvoll und unblutig. Oft kommen Verführungsversuche mit oder ohne Gewaltanwendung im Kindesalter, nicht selten sogar durch Angehörige, hinzu. Auch die ersten körperlichen Kontakte während oder nach der Pubertät verlaufen für viele Mädchen enttäuschend – all das ist nicht geeignet, die Grundeinstellung zur Sexualität von vornherein problemlos und erfreulich zu gestalten.

Viele Hindernisse seelischer Art müssen überwunden, und sozusagen eine zweite Natürlichkeit muß wiedergewonnen werden, wenn die Liebe wirklich gelingen und die körperliche Vereinigung befriedigend und befreiend wirken soll. Immer noch werden auch die schönsten Glücksgefühle der Liebe, wird die Liebesvereinigung, die Erich Kästner »die Nutzanwendung der Gefühle« nennt, in der Erziehung abgewertet und schlecht gemacht, wird davor gewarnt und Angst erzeugt, die der elterlichen Angst vor all zu früher Empfängnis entspringt.

Um so erstaunlicher, daß man sagen kann, daß die meisten Frauen im Grunde liebesbereit, sinnlich und gefühlstief sind. Im Grunde liegt es bei den Männern, diese Liebesbereitschaft und -fähigkeit aufzufangen und zum Ziele zu führen. Oft allerdings muß ein Dornröschen wachgeküßt, muß die Sexualität geweckt und in die umfassendere, liebende, erotische Vertrauensbeziehung überführt und erweitert werden.

Hier taugt das herrschende sportliche Leistungsideal wenig: Wer es einmal richtig, kurz und zackig mit seiner Frau kann, der ist ein rechter Kerl, und wenn gar noch öfter, dann fühlt er sich schon als ein Held!

Viele Männer spüren diesen Mangel. Sie möchten ihrer Frau im Grunde einfühlend entgegenkommen, möchten sie befriedigen und glücklich machen, aber wissen gar nicht so recht, wie. Aus dieser Verlegenheit helfen sie sich mit der Notlösung: Wenn alles umsonst ist und es denn gar nicht klappt, muß sie wohl selbst schuld sein – eben frigid.

Dabei geht Männern allzu leicht die Einstellung und das Wissen verloren, daß Liebe keine Aktion ist, sondern eine Kunst sein kann, die ein feineres Können und ein differenzierteres Bemühen lohnt.

Liebe ist nicht etwas, was sein muß, woran man sich als Leistungsmensch beweisen kann, sondern Liebe ist das schönste Geschenk des Lebens an uns, eine Gabe der Götter, eine Aufgabe zur gegenseitigen Beglückung.

Wenn man zur Jahrhundertwende noch meinte, daß Frauen keine sexuellen Empfindungen haben, so bekennen sie sich heute zum Glück dazu, und das macht das Liebesleben reizvoller und reicher. Auch Frauen haben Lust auf die Lust und sind bei entsprechender Ergänzung und Erwiderung auch zu tiefsten körperlichen Empfindungen im Verein mit seelischer Liebe fähig. Ja, der Mann hat Not nachzuweisen, daß er in vergleichbarer Weise liebesfähig ist. Deswegen fühlen Frauen sich nicht als Sexmaschinen, wollen aber auch keine Männer, die solche sind oder sie so betrachten.

Wenn Frigidität auftritt, muß man als erstes nach dem Mann fragen. Vielleicht leidet er unter dem »Ehrgeizige-Männer-Syndrom«, das der Mann von Marion so deutlich zeigte und das viele Frauen von Managern und ähnlich zeitgemäßen Typen zu erleiden haben. Dagegen darf sie sich behaupten, darf ihre Gefühle in Anspruch nehmen, aber auch umgekehrt bei ihrem Partner die Geduld des Gefühls und die zärtliche Bemühung wachrufen. Beide können sich wechselweise darin erproben, erkunden und vervollkommnen.

Beide haben es gern, körperlich berührt, entdeckt und entfaltet zu werden. Unsere Liebesfähigkeit erwacht im Grunde erst, wenn ein anderer sie erwidert. Dies ist auch der tiefste Sinn der Sexualität – nicht Befriedigung, sondern Erwiderung ist ihr Ziel. Beide, Männer wie Frauen, wünschen sich Liebkosungen, Berührungen, Streicheln und Zärtlichkeiten, aber auch Einfühlung und Verständnis. So entsteht ein Mitschwingen und – im Liebesakt – ein sich eskalierendes Hochschwingen, ja Hochschaukeln, bis es schließlich im ekstatischen Höhepunkt endet und damit zugleich das Ende der Frigidität gesetzt ist.

Als Frau habe ich natürlich die besondere Aufgabe, meine als Frigidität bezeichneten Problemhaltungen und Abwehrreaktion zu überwinden:

Ich lasse mich ein auf Liebe und Zärtlichkeit.

Ich lasse mich fallen und gebe mich hin an das Gefühl der Umfassung und des Umfangenseins.

Ich öffne mich dem warmen Strom überquellender Zärtlichkeit und lasse mich von ihm tragen.

Ich begreife und mache deutlich, daß Liebe, Vertrautsein und menschliche Verbundenheit das Wichtigste sind, nicht allein die körperliche Erfüllung.

Ich spreche meine Bedürfnisse und Gefühle offen aus, tue selbst etwas für ihre Verwirklichung und mache es meinem Partner leicht.

So genieße ich die Entdeckerfreude am anderen Körper und den Spaziergang auf der anderen Haut, entspanne mich und bin glücklich.

24
Die Haut als Liebesthermometer
(Hautirritation – Neurodermitis)

Immer früher steht die Studentin Claudia auf, um ihr Make-up für den Tag anzulegen. Immer unglücklicher schaut sie dabei in den Spiegel. Die ewigen Reizungen klingen ab und kommen wieder, sie weiß nicht mehr, was sie machen soll. Sie hat schon einige Hautärzte aufgesucht, hat die Schminke weggelassen – aber jetzt findet sie, es fühlt sich erträglicher an, wenn es abgedeckt ist. Sie fühlt sich dann besser. In der Pubertät hatte sie keine Probleme mit ihrer Haut, und als sie vor einem Jahr Angelo in dem italienischen Restaurant kennenlernte, flog er auf ihre blonden Haare und ihre zarte, schöne Haut. Sie wiederum verliebte sich in seine dunklen Locken und immer mehr in ihn. Ihr deutscher Freund Jens versuchte, ihr Angelo auszureden, er meinte, sie solle sich nicht verführen lassen, aber das war nur seine Eifersucht.

Jetzt will sie hübsch sein für Angelo, der sie doch mit Haut und Haaren liebt.

Seit vier Monaten nun hat sie diese Hautreizungen, seitdem

auch hat Angelo selten Zeit für sie, wird sie immer unglücklicher. Oder hatte er schon vorher nur Zeit, wenn es ihm paßte? Sie kann sich doch nicht in Angelo getäuscht haben? Sie schiebt alles auf ihre häßliche Haut und leidet, was sie Jens, dem treuen Jens, natürlich nicht eingesteht.

Angelo ist Ende Zwanzig, und Jens meint, er sei bestimmt verheiratet. Aber Claudia glaubt es nicht.

Als sie das Warten auf Angelo nicht mehr aushält, geht sie in das italienische Restaurant – und da ist er, unterhält sich liebevoll mit einer Frau. Claudia will fluchtartig das Lokal verlassen, aber Angelo winkt ihr, fordert sie auf, herüberzukommen und sagt, wie selbstverständlich: »Claudia, darf ich dir meine Frau Maria vorstellen?«

Claudia ist wie vom Blitz getroffen. Aber in der Woche darauf heilen ihre Pickel ab und kommen nicht wieder.

Ist das nun Glück im Unglück? Oder sorgte diese kalte Dusche ganz zwangsläufig für die Abheilung der heißen, geröteten Stellen in ihrem Gesicht? Ihr so kompliziert gewordenes Leben war mit einem Schlag durchsichtig geworden.

Wir erröten zart, wenn wir einen geliebten Menschen treffen, peinliche Situationen treiben uns tiefe Röte ins Gesicht, bis unter die Haarwurzeln. Eine hektische Röte geht oft mit Streß einher, Sonnenbestrahlung oder Eiskälte greifen die Haut an.

Kosmetika werden längst nicht von allen Menschen vertragen. Viele Cremes und Lotionen enthalten aknegene Fette, und manche Frau, die sich mit Nährcreme etwas Gutes tun will, bekommt Pusteln, wenn sie Mischhaut mit diesen Fetten bedeckt.

Eine große Parfümerie ist wie ein Dschungel mit verlockenden, duftenden Angeboten, in dem man sich leicht verirrt. So sind synthetische Duftstoffe zum Beispiel besser verträglich als natürliche, aber wer kann sich das schon vorstellen?

Daß die Haut nun auch noch ein Liebesthermometer sein

soll, macht uns ja noch unsicherer, weil gerade, wenn wir besonders hübsch sein wollen, besonders häßlicher Ausschlag blüht und wir nicht wissen, warum und woher.

Unsere Haut aber ist unser größtes Wahrnehmungsorgan, von 18.000 Quadratzentimetern Fläche. Bei Kälte stellt sie die Härchen hoch, um zu wärmen, bei Hitze schwitzt sie, um zu kühlen, und Claudia macht sie deutlich, was diese Jens nicht glauben will.

In der Sexualität spielt sie eine große Rolle, wenn der Geliebte sich uns aber entzieht und die gewünschte Berührung nicht mehr oder zu selten stattfindet, wehrt sich die Haut und liefert uns ein Alibi. Dann können wir getrost glauben, der Mensch liebe uns noch, aber schrecke vor unserer entzündeten Haut zurück. Somit ist der Beweis geführt, der Kreis geschlossen.

Die Haut klagt, und sie klagt statt Claudia Angelo an.

Durch die Erkenntnis, daß Angelo ihr nie gehören würde, wurde dieser Kreis von Lügen und sich etwas Vormachen so endgültig unterbrochen, daß die warnende Haut nun zur Ruhe kommen konnte. Der betreffende Mensch, in diesem Fall Claudia, muß nun die ganze, erwachsene Verantwortung übernehmen, die Haut kann sich ausruhen, erholen. Viele Frauen glauben, nur liebenswert zu sein, wenn Schönheit, jugendliche Frische und gepflegtes Styling das Interesse des Mannes wecken. Sie stürzen sich in langwierige Prozesse, um mit Haut und Haaren geliebt zu werden, fürchten aber tief drinnen gleichzeitig, *nur* wegen Haut und Haaren geliebt zu werden.

Auf keinen Fall ist diese etwas narzißtische Betrachtungsweise erfolgreich, weil sie von kritischen Fragen abhält. Wenn ich mir vormache, so schön zu sein, daß er mich nicht sitzenlassen kann, wage ich ihn nicht zu fragen, warum er zunehmend weniger Zeit für mich hat. Je hektischer ich mein Äußeres auf Schönheit trimme, desto unsicherer werden meine Signale von Selbstbewußtsein. Die Haltung des Körpers, die

Entspanntheit, das selbstverständliche Fragen in einer liebevollen Zweierbeziehung, all das erstarrt unter emotionalem Streß. Die zunehmende Wut auf die Person meiner Wahl verstecke ich so lange, bis Haß daraus entsteht, den ich aber nicht zu zeigen wage, damit ich nicht in Ungnade falle. Meine Haut aber spricht eine beredte Sprache; sie ist wütend.

Zunehmend fühle ich mich minderwertig, lebe in ständiger innerer Spannung, unterdrücke meine Angst, fühle mich unterdrückt, zur Seite geschoben, schlecht und ungerecht behandelt, ungeliebt, weil ich aufgehört habe, mich selbst zu lieben.

Ich laufe mit der weißen Fahne der Kapitulation herum und meine Haut mit ungesunder Röte.

Wenn ich aber merke, daß in meiner Beziehung irgend etwas nicht stimmt, ich sie vielleicht nie hätte beginnen, oder längst hätte lösen sollen, beginne ich mich unrein zu fühlen – die Haut macht mit, sie trägt den deutlichen Stempel meiner unbewußten Gedanken.

Mit ein wenig Mut und Entschlossenheit will ich dieses unnötige Geschehen nun stoppen. Der auslösende Mensch muß weg aus meinem Leben, den muß ich mir abschminken, oder wenigstens meine Gedanken auf etwas anderes richten.

Ich will ein dickes Fell erwerben, von pfirsichähnlicher Haut; schön soll sie sein, aber auch schützend. Lege ich mich gehäutet dem anderen vor die Füße, kann der ja mit mir machen, was er will – und meistens will er dann gar nichts mehr von mir.

Die Haut ist ein Schutz des Organismus gegen die Umgebung. Das soll sie auch bleiben:

Ich löse diese unselige Verbindung, in der ich Berührungsängste entwickle.

Ich suche Ruhe und Entspannung für mich und meine Haut.

Ich lasse meine Haut auch mechanisch in Ruhe, gebe ihr Zeit zum Erholen.

Ich bewege mich an frischer Luft.

Ich suche geistige Nahrung für meine Gedanken – außerhalb des Kosmetikbetriebes.

Liebe ist Geben und Nehmen, dazu will ich bereit sein.

25
Kaiser Tiberius und der Herpes
(Lippenbläschen – Herpes)

Als Monika 22 Jahre alt war, hatte sie schon eine lange Herpes-Karriere hinter sich. Als Kind hatte sie bei jeder starken Erkältung noch zusätzlich unter diesen juckenden, sich ausbreitenden Bläschen leiden müssen.

Normalerweise entwickelten sie sich nur links an der Unterlippe, manchmal aber, selten zum Glück, krochen sie fast um den ganzen Mund.

Je älter Monika wurde, desto besser wurde es. Sie hatte sich offensichtlich schon daran gewöhnt, und die Bläschen traten nicht mehr so oft auf. Wenn sie aber zum Vorschein kamen, dann immer zu Zeitpunkten, zu denen sie sie ganz und gar nicht gebrauchen konnte. Zum Schulfest, zu Geburtstagsfeiern, zum Abschlußball, oder wenn sie sich im Urlaub sonnte. Sie hatte schon jede Menge Salben und Stifte probiert, aber die Salben machten die Haut pappig, die Pomade der Stifte lag wie ein Fremdkörper dick darauf. Am besten half noch ein normaler, pflegender Lippenstift.

Monika war gerade bei ihren Eltern zu Besuch und fuhr jeden Tag an die Ostsee, als ihre Schwester anrief und ankündigte, sie würde in einer Woche mit dem Mann zu Besuch kommen, mit dem sie sich verloben wollte.

Natürlich fuhr Monika weiterhin an den Strand, um ihre Haut zu bräunen, natürlich dachte sie im Stillen, wenn er mich das erste Mal sieht, möchte ich ja nicht gerade entstellt aussehen. Es ging auch gut, bis vier Tage vor dem Termin. Da begannen die Herpesbläschen ihr Leben, eins reihte sich ans andere, und, was seit Jahren nicht mehr geschehen war, sie wanderten um den Mund herum. Monika war todunglücklich. Sie war traurig, wütend, niedergeschlagen, mutlos, sie schämte sich ihres Aussehens – sie war entstellt. Nicht einmal lachen konnte sie, es tat weh, weil die bereits abheilenden Stellen aufrissen.

Natürlich kreisten ihre Gedanken ständig um den Herpes, und der schien genau das als Nahrung zu brauchen, um sich zu voller Blüte zu entfalten.

Wäre sie doch nicht an den Strand gefahren, sie wußte ja, daß Sonnenbestrahlung das bei ihr auslösen konnte, aber es war ja so lange gut gegangen.

Was sie wußte, war dies: Ein versehentlicher Schlag auf den Mund (von einem strampelnden Kind), scharfes Essen, Sonnenbestrahlung, eine Erkältung, oder das, was im Volksmund »aus dem falschen Glas getrunken« hieß, konnte die Bläschen hervorrufen. Was sie nicht wußte, war, wie sehr sie mit ihren Gedanken dieses Phänomen beeinflussen konnte.

Bereits die alten Griechen studierten diese Krankheit und gaben ihr den Namen Herpes, das Kriechende. Auch die alten Römer kannten sie. So sah sich der Kaiser Tiberius vor fast zweitausend Jahren gezwungen, bei öffentlichen Feiern und Zeremonien Kußverbot zu erlassen, um ein Ausbreiten des Herpes labialis (Herpes der Lippen) zu verhindern. 1886 beschrieben zwei französische Ärzte die Form des Herpes genitalis (Herpes der Geschlechtsorgane).

Schon 1921 erkannte der deutsche Arzt Dr. Lipschütz, daß es sich bei labialis und genitalis um zwei verschiedene Erreger handeln müsse, was aber erst in den sechziger Jahren bestätigt werden konnte, weil die Untersuchungsmethoden inzwischen verbessert worden waren.

Die einander sehr ähnlichen Viren wurden nun HSV 1 und HSV 2 genannt. Das Herpes simplex Virus 1 verursacht die Bläschen am Mund, das Herpes simplex Virus 2 die Bläschen an den Geschlechtsorganen. Oder muß man besser sagen: verursachte? Als man diese beiden Formen bestimmt hatte, war es noch so. Heute allerdings gibt es sowohl an den Lippen als auch an den Geschlechtsorganen zunehmend Mischinfektionen aus beiden Typen, was wohl bedeutet, daß sich erst in den letzten dreißig Jahren die Sexpraktiken zum Oralsex hin etabliert haben.

Es gibt über fünfzig verschiedene Herpesviren, fünf davon befallen Menschen, wovon wiederum HSV die verbreitetsten sind. Die anderen verursachen Windpocken, Gürtelrose und das sogenannte Kußfieber.

HSV 1 wird meistens von Familienmitgliedern bereits auf das Kind übertragen, und zwar beim Küssen. HSV 2 erwirbt man in späterem Alter durch Geschlechtsverkehr. Es gibt also nur die Übertragung durch engen Hautkontakt.

Ist die Übertragung einmal erfolgt, bleibt das Virus ein Menschenleben lang im Körper, wo es im Trigeminus-Nervenknoten in der Nähe des Backenknochens oder im Nervenknoten des Kreuzbeins »schläft«.

Bis heute ist kein Medikament gefunden worden, das das Virus abtötet.

Alles, was nach dieser Erstinfektion kommt, hängt nun sehr damit zusammen, wie wir mit unserem ungebetenen Gast umgehen. Wir müssen aufpassen, uns nicht etwa das Sekret aus den Lippenbläschen in die Augen zu wischen, da wir uns sonst selbst infizieren, wir müssen aufs Küssen und den Geschlechtsverkehr verzichten, nachdem das Virus Bläschen produziert hat. Eine Frau mit Herpes genitalis muß sich vor einer Schwangerschaft vom Gynäkologen beraten lassen.

Darüber hinaus aber ist es der klügste Umgang mit dem schlafenden Gast, ihn zu ignorieren.

Wie wir schon gesehen haben, verbreiteten sich bei Monika gerade in dem Moment die unangenehmen Bläschen, als sie es ganz besonders vermeiden wollte.

Die Infektion ist virusbedingt. Der Wiederausbruch aber ist psychogen, das heißt, nach einer Infektion kann es zu wiederholten Ausbrüchen kommen, es muß aber nicht so sein. Je geschwächter der Körper ist, je ängstlicher der Patient reagiert, je mehr er eine Superinfektion fürchtet, desto wahrscheinlicher ist ein starker Ausbruch.

Es ist also gut, immer ein Mittel im Haus zu haben, das bei den ersten Anzeichen benutzt werden kann. Noch besser ist es, speziell die Lippen immer geschmeidig zu halten, so daß sie nicht durch Risse empfänglich werden.

Wer eine lange Praxis mit Wiederausbrüchen hinter sich hat, wird wissen, daß das Virus nichts bewirken kann, wenn ich ohne Angst sage: »Macht nichts, die Bläschen heilen ja schnell wieder ab.« In diesem Fall bleibt es oft bei einem kaum ausgebildeten Bläschen, was sich bald wieder in die Haut zurückzieht.

Man kann auch Äther darauftupfen oder noch besser einen in der Apotheke erhältlichen amerikanischen Lippenbalsam, der Blistex heißt, was soviel bedeutet wie »Tod den Bläschen«.

Vor zehn Jahren schätzte man in den USA schon fünfzig Millionen mit Lippenherpes infizierte Personen, Blistex ist dort das Mittel der Wahl.

Ich passe also auf, daß meine Lippen geschmeidig bleiben und verschwende ansonsten so wenig Gedanken wie möglich an die Viren, die meinen Körper als Wirt benutzen. Meine Angst vor ihrer Macht muß umschlagen in Wut, Verachtung, Mißachtung. Von jetzt ab kann ich ein beschwerdefreies Leben führen.

Wenn ich meinen Körper nicht in ungewöhnlichen, ohnehin unzumutbaren körperlichen oder seelischen Streß bringe, eine gesunde Lebensweise und gesunde Einstellung finde, gibt es keinerlei Anlaß für einen Herpesausbruch:

An einem Glas kann ich mich nicht infizieren. In diesem Fall ist es wieder nur Ekel oder Angst, was den Ausbruch bewirkt, vorausgesetzt, es hat eine Erstinfektion durch Körperkontakt gegeben.

Die Furcht vor erneut ausbrechenden Bläschen kann sich bei mir nicht mehr entwickeln!

Ich kündige meinem ungebetenen Untermieter jede Form der Beachtung auf und stelle ihm so praktisch die Energie ab.

26
Meine Haut ist mein Tagebuch
(Selbstbeschädigung – Artefakt)

Annika schaute ihr Gesicht im Spiegel an, prüfend. Sie wollte etwas Lidschatten auflegen und überlegte, wie wohl der Gesamteindruck mit dem Lippenstift wäre, ob sie das Augen-Make-up lieber weglassen sollte.

Sie wollte Matthias gefallen, mit dem sie heute tanzen ging.

Sie trug ein dunkelblaues Kleid mit kleinen weißen Pünktchen und einem herzförmigen Ausschnitt.

Gesicht und Dekolleté hatte sie bereits sorgfältig mit Make-up bedeckt. Ihre größten Hautunebenheiten waren gut abgeheilt, einige kleine Narben gut bedeckt, kaum sichtbar – nur Annika wußte, daß sie da waren, und nur Annika wußte auch, was unter den Hautveränderungen war, kein Arzt hatte es je herausbekommen, es war ihr Geheimnis. Nur sie wußte, daß darunter eine ganz gesunde Haut lag, aber sie hütete ihr Geheimnis und ließ sich von allen gerne Tips geben, wie sie die zerstörte Haut wieder in Ordnung bringen könne.

Annika schaute oft in den Spiegel, er zog sie magisch an,

aber selten sah sie ihr ganzes Gesicht, sondern sie konzentrierte sich auf die Stelle, an der sie gerade arbeitete.

Sie kratzte, rieb und scheuerte, besonders wenn die Wunden abzuheilen begannen.

Vor zehn Jahren hatte ihre Freundin Ute sich vergiftet, Annika war 14 Jahre alt gewesen. Damals hatte sie sich so zerkratzt, daß ihre Mutter sie ins Krankenhaus brachte. Dort hatte sie hysterisch getobt, als man ihr das Gesicht verband und Handschuhe über die Finger zog.

Die Wunden waren schnell abgeheilt. Annikas Schmerz über Utes Tod aber konnte nicht so schnell heilen. Bald fing sie wieder an zu kratzen, im Gesicht, am Hals an den Schultern, am linken Unterarm. Es konnte ruhig jeder sehen, es war ja nicht wichtig, nichts war wichtig nach Utes Tod.

Jetzt war Annika 24 Jahre alt. Ihr Gesicht hatte viele Phasen von Zerstörung und Heilung erlebt – immer im Wechsel. Wenn es ganz schlimm wurde, trug sie gern ausgeschnittene Pullis. Dann konnte es jeder sehen, es wußte aber niemand, woher es kam. Dann wieder schämte sie sich, aber sie wußte nie genau, warum sie sich schämte oder warum sie auf ihre Haut stolz war.

Als sie einmal im Film sah, wie junge Männer sich als Mutprobe brennende Zigaretten auf die Handrücken drückten, regte sie sich sehr über »diesen Mist« auf. Aber sie wußte nicht genau, warum. Sie brachte es nicht mit ihrer Lieblingsbeschäftigung in Verbindung.

Es gibt in unserer Zeit eine fast unbegrenzte Anzahl von Hauterkrankungen: Ausschläge, Entzündungen, Juckreiz, Verbrennen durch die Sonne oder im Sonnenstudio, allergische Reaktionen auf Kosmetika oder Waschmittel, Nahrungsmittel oder Betten.

Die selbstverursachten Hautkrankheiten gehen in diesem weiten Feld unter. Selbst für den Arzt ist es manchmal schwer, eine Acne excoriée (Akne durch Wundreiben) von einer Acne vulgaris (normale Akne) zu unterscheiden.

Nun stehen Jugendliche gerne vor dem Spiegel, um Mitesser auszudrücken oder an Pickeln zu hantieren. Meistens mit dem Wunsch, hinterher ein besseres, klareres Hautbild zu haben. Aber auch das kann zu ständigem Manipulieren führen, so daß die Haut danach wie ein Streuselkuchen aussieht. Wird die Haut hinterher desinfiziert und in Ruhe der Heilung überlassen, ist noch alles in Ordnung. Wenn aber der Schritt zum Spiegel zwanghaft wird, um heilende Wunden wieder aufzureißen, wird es gefährlich. Wer sich mit Werkzeugen wie Bürsten oder Nadeln, mit Laugen oder Säuren an seiner Haut vergeht und außerdem noch alles tut, um Eltern, Freunde und Ärzte über die Ursachen zu täuschen, ist krank und sollte dieses heimliche Leiden, das mehr ist als eine schlechte Gewohnheit, abstellen und verändern.

Meistens handelt es sich um jüngere Frauen, die sich hier die Frage stellen müssen, was ihnen im Leben wichtig ist. Sie ritzen und graben in ihrer Haut, wie der Füllfederhalter in einem geheimen Tagebuch, was so geheim wiederum nicht ist, weil sie es ganz gerne mit sich herumtragen.

Was aber empfinden sie dabei? Nur sie selbst können sich diese Fragen beantworten. Welche Linderung fühlen sie während des Kratzvorganges und welche Genugtuung, wenn das Werk vollendet ist? Wessen Liebe und Zuneigung wollen sie damit erzwingen? Auf wessen Schicksal, das schlimmer ist als das eigene, wollen sie hinweisen und sozusagen mit gutem Beispiel vorangehen, um es nicht etwa besser zu haben als diese oft nahestehende Person?

Nur sie selbst können beobachten, wann sie mit der Zerstörung beginnen, also den Auslöser erkennen, und sich fragen, was andere in so einer Situation tun. Auf jeden Fall ist jede nach außen gewandte Wut und Enttäuschung besser, als wenn ich alles nach innen richte, heimlich verstecke und mich auch noch sichtbar bestrafe.

Wer übrigens soll es sehen? Und warum? Und was erwarte ich davon? Glaube ich, der Betrachter würde bei meinem Anblick so denken und fühlen, wie ich es hoffe?

Das muß ich mir als erstes abschminken. Meine sprechende Haut wird höchstens Verwunderung, Sprachlosigkeit hervorrufen, und dann wird der andere Teilnehmer abschalten und mich mit meinem Geheimnis stehen lassen.

Ich gebe mich der Illusion hin, andere Menschen könnten deuten, was ich selber nicht zu deuten wage, beziehungsweise wozu ich nicht den Mut habe. Mein großer Mut reicht offensichtlich gerade dazu aus, mir wehzutun. Um mal den Mund zu öffnen und die Wahrheit zu sagen, dazu bin ich zu feige.

Ich treibe also weiterhin den Schabernack mit meinem Arzt und meiner Haut. Darauf brauche ich wirklich nicht stolz zu sein. Ich helfe niemandem und ganz tief drinnen täusche ich auch niemanden.

Wenn ich in Heimlichkeit mit meinen Fingernägeln meine Haut beschrifte, kann ich doch nicht hoffen, daß andere mich für eine ehrliche, offene, Freude bringende Freundschaft oder Liebe aussuchen. Mich bestimmt nicht, solange ich mich nicht ändere.

Ich will also aus meiner Defensive herauskommen, mich öffnen und mit meinen dauernden, kleinen Selbstmorden aufhören.

Ich mache mit klar, ganz klar, warum ich besonders an Gesicht, Hals und Schultern kratze und zerstöre.

Am Bauch würde man es ja nicht so gut sehen, nicht wahr? Ich lege mir jetzt ein Tagebuch an, in das ich möglichst jeden Tag eintrage, wie ich mich gefühlt habe und warum.

Auf diese Art bekomme ich heraus, wann und warum es mich wieder zum Spiegel als meinem stummen Partner zieht:

Den stummen Verschwörer Spiegel will ich meiden lernen, statt dessen schreibe ich auf Papier, was ich zu sagen habe. Nachdem ich schreiben statt kratzen gelernt habe, will ich sprechen statt schreiben lernen. Bei jedem Erfolg will ich mich belohnen.

Ich will meine Wunden mit Salben bedecken, sie abheilen lassen und fühlen, wie gut es tut. Während dieser Zeit schneide ich mir die Fingernägel ganz kurz. Wenn ich sicher bin, daß ich sie mir nicht mehr in die Haut grabe, darf ich sie wieder wachsen lassen.

Ich will mit einer Freundin, einem Freund, meiner Mutter oder einem Arzt meines Vertrauens über mich sprechen und mir helfen lassen. Bewußte Zerstörung des eigenen Körpers ist ähnlich wie ein Teilselbstmord, durch Entstellung und Verhäßlichung wie in diesem Fall ist es wie ein sozialer Selbstmord.

Ich will mich nicht weiter außerhalb der Gesellschaft stellen, sondern meine inneren Wünsche nach liebevoller Aufnahme in ihr erfüllen.

27
Es ist zum Haareausraufen
(Haarereißen – Selbstbeschädigung)

Als die Mädchen noch Zöpfe hatten, war es ein beliebtes Spiel, während der Schularbeiten die Strähnen von oben langsam aus dem Geflecht herauszuziehen, die dünneren Haare an der Stirn zu drehen und daran zu ziehen.

Auch spielte man gern mit einem Haar am Kinn, das da nicht hingehörte, oder strich sich dauernd mit der linken Hand über eine begrenzte Stelle am Hals, nervös und ohne es zu registrieren.

Robert aber riß sich die Haare büschelweise aus, bis es kahle Stellen gab. Später rasierte er sich den Kopf fast kahl, schnitt sich täglich beim Rasieren und wirkte oft wie ein gerupftes Huhn.

Er war ein besonders begabter Schüler. Was immer er zu lernen versuchte, flog ihm zu. Er schrieb die reifsten Aufsätze, erlernte spielend mehrere Sprachen und beherrschte Mathematik und Physik tiefer als die Lehrer. Was er nicht beherrschte, war, sich so in der Familie zu integrieren, daß alle und auch er sich wohl fühlten. Robert war ein kluger Kopf, akademisch gesehen, aber seine Gefühle gegenüber seinen Geschwistern begriff er nicht und konnte er nicht steuern. Ja, er neigte zum Fanatismus.

Sogar malen konnte er. Auf seinen Selbstporträts sah er meistens stoppelig und kahl aus.

»Immer wenn ich traurig bin, schneide ich mir die Haare kurz«, sagte er. Warum er das tat, sagte er nie.

So klug war Robert, daß er niemanden an sich heranließ, der ihm hätte helfen können, von diesen absonderlichen Selbstbeschädigungen zu lassen. Er verteidigte sie und damit sich mit großer Raffinesse. Zuerst versuchte es seine Mutter, später die Freundin, ihn davon abzubringen, – vergeblich.

Nun treiben Jugendliche oder auch nicht mehr ganz so jugendliche Leute ja eine Menge Zirkus auf ihrem Kopf. Männer lassen sich die Haare lang wachsen; Mädchen tragen orangefarbene Stoppeln oder lassen sich halbseitig rasieren, während sie sich auf der anderen Seite zum Beispiel mit langen blauen Paradiesvogelfedern schmücken.

Der Kopf fällt auf und manchem Vorgesetzten auf die Nerven, der Träger eines solchen Kopfes wird nicht übersehen. All dieses gehört aber noch unter die Rubrik »Dekoration«.

Das Haareausreißen und die ewigen Rasierschnitte sprechen da schon eine andere Sprache. Es ist, als wenn der Mensch besonders darauf aufmerksam machen will, wie wenig er sich aus seinem Äußeren macht, und wie sehr er die Umwelt bittet, sich mit dem Rest seiner Persönlichkeit auseinanderzusetzen. Die Harmonie ist gestört, denn gerade durch das dramatische Vorzeigen von selbstverursachten Verstümmelungen wird ein großer Anspruch sichtbar.

Es handelt sich um eine arrogante Art, die Welt auf die eigene Person aufmerksam zu machen, es handelt sich um Trotz, wie in dem Kinderschnack: »Meine Mutter ist ja selber schuld, wenn meine Finger erfrieren, warum kauft sie mir keine Handschuhe.« Dieses Gehabe aber, vereint mit dem lädierten Aussehen, schreckt so manchen ab, sich mit jemandem wie Robert einzulassen.

Er blieb also allein. Dieses wiederum nahmen seine Geschwister als Bestätigung dafür, daß mit ihm wirklich kein Auskommen sei, da er auch alles tat, das soziale Leben der anderen zu stören, indem er sie kritisierte, wenn sie sich modisch kleideten oder etwas, wie er sagte, Unnützes für ihre Zimmereinrichtung kauften.

Robert lebte in einem kahlen Raum, und als ob das nicht genügte, wollte er es ihnen zeigen und legte mal wieder Schere oder Rasiermesser an.

Ein berühmter Fall aus der Kunstgeschichte gibt uns hier vielleicht ein wenig Einblick in den Mechanismus der Geschehens: Nach einem Streit stürzt Vincent van Gogh mit gezücktem Rasiermesser auf Paul Gauguin los. Gauguin gelingt es, van Gogh mit seinem Blick zu bannen, dieser läßt von ihm ab. Um zu sühnen, legt er Hand an sich, schneidet sich ein Stück des linken Ohres ab. Später malt er sich mit dem Kopfverband.

So haben auch das Haareraufen oder die dauernden Schnittverletzungen stark autoaggressiven Charakter. Die wirkliche Aggression aber richtet sich gegen etwas anderes.

Natürlich ärgert man die Umwelt mit seinem Aussehen. Macht man sich aber klar, daß man nur jemanden ärgern kann, der etwas für einen empfindet, wird die Handlung paradox.

Man trifft also in erster Linie sich selbst und in zweiter Linie Menschen, die sich ohnehin für uns verantwortlich fühlen. Gerade Verantwortung und Liebe aber will der Täter hervorrufen. Gleichzeitig stößt er ab. Zum äußerlichen Zerschneiden kommt also auch ein inneres Zerschneiden von Bindungen.

Die Persönlichkeit dieser Menschen ist so zerrupft wie der Kopf.

Da wir beim Begriff Haareausraufen an griechische Tragödien denken, dramatisch auf der Bühne dargestellt, können wir im Alltag wenig damit anfangen. Niemand will den Anspruch, mit dem der Zerrupfte durch die Welt läuft, erfüllen – sich also pauschal schuldig fühlen.

Äußerlichkeiten sind nicht unwichtig, schon gar nicht, wenn sie bewußt in Szene gesetzt werden. Unser Äußeres gibt starke Signale an unsere Mitmenschen, auf der Suche nach Freunden, einem Partner, Liebe und Geborgenheit zum Beispiel. Diese Signale sind ein wichtiger Teil des sozialen Lebens. Ich stelle dar, als was ich gesehen werden will, und ich stelle damit dar, was ich in etwa vom anderen erwarte.

Da die meisten Signale, bevor wir einander gut kennen, über die Augen gehen, wird so schon eine Vorauswahl getroffen: Der andere ist uns auf den ersten Blick sympathisch oder unsympathisch.

Wenn einer wie Robert, der schon von weitem den Eindruck erwecken will, als trüge er einen Kranz aus Stacheldraht auf dem Kopf, sich uns nähert, stößt er auf Unverständnis und Ablehnung, allenfalls auf Mitleid, das er aber nicht will.

Sein Aussehen ist weder schön und harmonisch noch gesund.

Man glaubt, ein Kind vor sich zu haben, das gerade einen Wutanfall hatte. Ein Erwachsener aber muß lernen auszusprechen, was zum Haareausraufen ist, statt es zu tun:

Ich will erwachsen werden und eigenverantwortlich.

Ich will meine egozentrische Lebenssicht unter die Lupe nehmen und soziales Leben erlernen.

Ich will auch geben – bewußten, wirklichen Austausch pflegen.

Meine Verstümmelungen erwecken nicht Faszination sondern Abscheu.

Meine Trauer und Vereinsamung will ich in Worte fassen, meine zurückgehaltenen Gefühle mitteilen.

28
Lift zur Schönheit
(Schönheitsoperation – kosmetische Chirurgie)

Es fing schon mit ihrem Namen an, den sie häßlich fand. Also nannte sie sich Jill. Mit Jill verband sie eine kühle Blonde mit exakt geschnittenem Haar. Also ließ sie sich die Haare blondieren und wusch sich jeden zweiten Tag Volumen hinein.

Sie achtete sehr auf ihre Figur und änderte im Laufe der Zeit die Farben ihrer Kleidung, weil zu den jetzt hellen Haaren andere Töne paßten als zu den echten dunkelblonden.

Sie schminkte sich mit Hingabe, bis sie ihren Stil gefunden hatte.

Dann aber fand sie ihre Ohren zu groß und die Nase nicht klassisch genug. Sie studierte alle Artikel über kosmetische Operationen und überlegte hin und her.

Auf einer Party lernte sie Hubert kennen. Als er seinen Namen nannte, mußte sie lachen. »Hubert heißt nämlich der Hund meines Vaters.« Worauf Hubert sagte, in Wirklichkeit heiße er Norbert, aber eine Freundin hätte ihn umbenannt, und seitdem heiße er eben Hubert. Jill wiederum gefiel der

Name Norbert, mit ihm verband sie etwas sehr Männliches. Die Verwirrung war also komplett.

Eine Woche später saßen sie sich in einem Restaurant gegenüber. Vertraulich wollte Jill ihre Hand auf Huberts Hand legen, als er seine verlegen wegzog. So blieb ihre schöne Hand mit den perfekt gepflegten und lackierten Nägeln auf der Tischdecke liegen. Jill war gekränkt, denn ihre Hände gefielen ihr.

Hubert aber war von so viel Perfektionismus verunsichert und glaubte, sein Äußeres würde ihrem kritischen Blick nicht standhalten können.

Nicht selten haben schöne Menschen Schwierigkeiten mit ihren Partnern, weil sie einen gewissen Anspruch vor sich hertragen, dem viele sich nicht gewachsen fühlen oder dem sie sich einfach nicht ausliefern wollen.

Zunehmend mehr Menschen in den reichen Industrieländern nehmen enorme Kosten, Schmerzen und medizinische Risiken auf sich, um ihr Äußeres korrigieren zu lassen. So sind es jährlich in der Bundesrepublik 500 000 Menschen, die sich einem kosmetischen Eingriff unterziehen. Davon sind siebzehn Prozent Männer. Ältere Herren lassen sich der jüngeren Freundin wegen Tränensäcke wegnehmen und den Hals liften. Jugend und Schönheit sind ein Synonym für Erfolg – obwohl es bei Licht betrachtet ganz andere Qualitäten sind, die eine Person anziehend machen. Im Grunde wissen wir das auch alle, denn jeder sehnt sich nach einem starken Partner, der so selbstsicher ist, daß wir bei ihm oder ihr so sein dürfen, wie wir wirklich sind.

Warum also dieser Tanz um den Götzen Jugend? Im Berufsleben lassen wir uns doch auch nicht von jüngeren Kollegen sagen, wo's lang geht.

Wie viele andere Trends kommt dieser Konsumtick aus dem gelobten Land, den USA. Der ewig jugendlich elastische Präsident mit dem erstaunlich dunklen Haar ging da als Beispiel für die Weltöffentlichkeit voran. In Hollywood schreckt man vor nichts zurück; so hat ein bekannter Schauspieler es fertiggebracht, alle seine Frauen auf die gleiche Gesichts- und Körperform trimmen zu lassen, bis hin zur »Traumfrau«, die so erschreckend wenig Ausstrahlung hat, daß es schon traurig ist. Neuerdings bieten die USA den überlebenden Opfern von Hiroshima kosmetische Operationen an, und einige haben davon schon Gebrauch gemacht.

Dies ist ein sehr trauriges Kapitel, aber ganz sicher ist es für viele Unfallopfer ein Segen, oft ganz wunderbar wiederhergestellt werden zu können.

Plastische Chirurgie muß also sein. So sollen Hasenscharten schon im Alter von vier bis fünf Monaten, abstehende Ohren möglichst mit sieben Jahren operiert werden. Auch gibt es zum Glück die Möglichkeit, Narben nach einer schweren Akne zu glätten oder Tätowierungen abzuschleifen. Ebenfalls kann vielen unglücklichen Krebspatienten ein wenig geholfen werden.

Läßt man sich aber ab Mitte fünfzig das Gesicht straffen, so läßt die Hautstraffung schon nach ein bis drei Jahren wieder nach, und der Mensch verliert, besonders bei einer erneuten Operation, seine ureigene Mimik und macht sich nicht selten zum Gespött seiner Umwelt.

Wer nicht gerade aussieht wie der Glöckner von Notre-Dame oder Miss Piggy, sollte also zu seinem Aussehen stehen – und selbst diese beiden Figuren sind in die Filmgeschichte eingegangen wegen ihrer besonderen Liebenswürdigkeit.

Überlegen wir doch einmal am Ende eines Tages, was uns besondere Freude gemacht hat. War es das Zusammentreffen mit der arroganten Schönheit in der Nobeldrogerie oder vielmehr der lustige Plausch auf dem Wochenmarkt, der hilfsbereite Tankstellenwärter oder die freundliche Auskunft auf einem Amt? Wir wissen es ganz genau. Suchen wir uns unseren Arzt oder unsere Rechtsanwältin ihrer makellosen Schönheit wegen aus?

Arrogante Schönheit – und leider tritt Schönheit oft so auf, wobei die Umwelt den Schönen geprägt hat –, ist genauso abstoßend wie protzig zur Schau getragene Edelfelle oder Schmuckstücke.

Unser menschliches Bedürfnis verlangt nach Wärme, Anteilnahme, einem unerwarteten Lächeln, Spontaneität oder Lebensfreude.

Warum verstecken sich plötzlich so viele Männer hinter einem Zweitagebart? Sie werden dadurch so uniform wie seinerzeit die Hippies mit ihren Rapunzelhaaren.

Die Initiatoren solcher Trends lachen oft hinter den Kulissen, weil man ihren Vorschlägen folgt, und als clevere Marketingleute brüten sie schon den nächsten Krampf aus.

Merkwürdigerweise werden Fotomodelle, etwa von der berühmten New Yorker Agentur Ford, danach ausgesucht, ob sie etwas Eigenes, Unverwechselbares haben. Ford spricht eher abfällig über schöne Dutzendware und nennt ein schönes Gesicht nur dann interessant, wenn die Person absolut sie selbst sein will und den starken Willen hat, sich durchzusetzen.

Ich will daraus lernen, mich nicht zum Produkt zu machen, das allgemein als schön oder »in« gilt.

Jeder von uns hat ein Bild von sich, sowohl ein äußeres als auch ein inneres. So sehen wir uns als zurückhaltend, schwer erreichbar, von exklusiver Besonderheit oder etwa als aufgeschlossen, spontan, mitteilsam, als einen Menschen, der ohne andere nicht sein mag, und wir versuchen uns diesem Bild anzupassen.

So wähle ich auch zu diesem Bild von mir den passenden Ausdruck – und das ist gut so.

Ich kann mich nicht theatralisch kleiden und geben, wenn ich auf der Suche nach Natürlichkeit bin. Andererseits kann ein melancholischer, begabter Mensch sich durchaus in großer Robe wohlfühlen und so zum Typ werden.

Die Möglichkeiten sind unbegrenzt. Nur wenn ich mich unwohl fühle, muß ich an mir arbeiten.

Habe ich wiederholt bemerkt, daß Freunde oder Freundinnen mich nicht verstehen, so will ich mich bemühen, den mir gemäßen Ausdruck zu finden.

Wir alle durchlaufen viele Entwicklungsstufen, bis wir das finden, was uns zusagt. Das aber ist ein lebendiger Prozeß, der nicht vom Schönheitschirurgen abgekürzt werden kann:

Ich vertraue jetzt auf diesen natürlichen Reifeprozeß, will mich so benehmen, wie ich es gerne von meinen Mitmenschen erfahre, will aus mir selbst herauswachsen und neugierig abwarten, was aus mir wird, statt stur auf ein Idealbild zuzusteuern.

Ich will mir mehr zutrauen, damit beginnen, mich selbst zu lieben, statt partiell meine »wunderschönen« Hände, meine »ungewöhnlich ausdrucksvollen« Augen oder exklusiven Kleider für mich sprechen zu lassen.

Ich will anziehend und verführerisch sein durch Lebendigkeit, auch zu dem Wechsel in meinen Stimmungen stehen, kurz, zu einer Persönlichkeit werden, indem ich mich selbst begreife.

29
Werden wir ein Volk von Zahnlosen?
(Das Freund/Feind-Verhältnis zwischen Patient und Zahnarzt)

Während »Er« mich behandelt, behandle ich auch ihn, gut oder schlecht nämlich. Wir sind unmittelbar aufeinander angewiesen.

Selbst wenn ich im Leben ein Macher, ein löwenstarker Einzelkämpfer bin, hier liegt meine Stärke in der Passivität, im Zuhören.

Selbst wenn ich eine witzige, sprühende Quasselstrippe bin, hier halte ich die Luft an, hier müssen seine Kommandos gelten. Sie sind präzise, für uns oft unverständlich, die Situation führt uns oft an die Grenze unserer Fähigkeiten, denn wer kann schon eine Stunde lang den Mund weit offen halten?

Hier verlange ich von mir, daß ich mich der Kunst seines Könnens völlig ausliefere. Ich beobachte, wie ich meine feuchten Hände über der Brust verschränke, wie ich meine Fußknöchel kreuze, um Selbstkontrolle ringe, mich verkrampfe und krampfhaft versuche, mich zu entkrampfen. Mein ewiges Schlucken soll aufhören.

Wie gut ist der moderne Mensch dazu erzogen? Sehr schlecht. Wir sind es nicht mehr gewöhnt, die »Zähne zu zeigen«. Hier sollen wir den ganzen Mund weit öffnen?

Die verletzte Nation wehrt sich – mit kollektiver Wut auf den Zahnarzt. Dennoch steht oder sitzt er Tag für Tag am Behandlungsstuhl, wendet sich durch einseitige Drehung uns zu (wie die bedauernswerte Kassiererin an der Kasse des Supermarktes), muß konzentriert hinschauen und mit den Händen schnelle, präzise Feinstarbeit leisten, möglichst ohne uns weh zu tun.

Er ist der Eindringling in unsere »Intimregion Mund«, und er weiß es. Meine Angst vor diesem Eindringen tritt in Interaktion mit seiner Arbeit, dem Wunsch, mir zu helfen.

Oh ja, er sieht genau, wie regelmäßig ich putze, ob ich meinen Teil zur Zahnhygiene, zum Erhalt *meiner* Zähne beitrage, er sieht auch, ob ich richtig putze – schon das verletzt mein Selbstwertgefühl, ich schäme mich und werde aggressiv, nenne ihn Zahnklempner.

Würde ich es wagen, mit einem teuren Ring, an dem ich mit einer groben Kneifzange herumgebogen habe, zum Juwelier zu gehen und ihm zu sagen, er solle es in Ordnung bringen?

Können wir uns vorstellen, daß fast alle Bundesbürger mit derart vernachlässigten, schlecht behandelten Schmuckstükken zu ihrem Juwelier gehen und um Reparatur bitten? Nein – diese Vorstellung ist absurd.

Der bundesdeutsche Zahnbestand aber schwindet.

Smarties (wie smart sind die eigentlich?), Eiscreme, Coca Cola, die guten Hamburger, Kartoffelchips, Erdnüsse, Pommes Frites, Kuchen, weiches Brot, all diese Errungenschaften sind unsere Freunde, der Zahnarzt aber ist unser Feind.

Ein gesunder Zahnbestand zeugt von Vitalität, Schönheit, erhaltenswerter Jugend. Warum geben wir den zugunsten dieser Pseudotröster auf? Sind wir schon so weit zur Pseudosanftmut erzogen worden, daß wir nicht einmal mehr den Biß unseres gesunden Gebisses erhalten wollen?

Die Pseudosanftmut aber hat uns nicht besser gemacht, sie treibt uns zum Nörgeln und Meckern, weil wir nicht mehr zubeißen mögen, es aufgegeben haben, Zähne zu zeigen, uns zu behaupten.

In einer Zeit unglaublichen Wohlstandes stecken wir in den Mund, was das TV uns befiehlt und schlucken damit die Wahrheit über die Vergänglichkeit der Zähne und unseres Körpers unverdaut hinunter.

So sehr hat sich die Diskussion um die Zahnärzte verstärkt und versteift, daß wir unseren Part dabei ganz vergessen. Wären wir im Fach Zahnhygiene gut geschult und hielten wir uns daran, die Zahnärzte wären fast überflüssig, genau so überflüssig wie unsere Angst vor ihnen.

Wenn nicht, ja, wenn nicht der Mundbereich außerdem ein Schauplatz dramatischer psychosomatischer Vorgänge wäre.

Nicht nur das blutende Zahnfleisch, von der symbolischen Lebenskraft »Blut« verlassen, ist ein Indiz, auch das nächtliche Zähneknirschen ist ein krankhafter Ausweg aus einem am Tag nicht ausgelebten Dilemma. Schlimmer noch ist das orofaziale Schmerz-Dysfunktions-Syndrom, das oft mit der Trigeminusneuralgie (Gesichtsschmerz) verwechselt wird. Frauen und Männer leiden darunter, aber Frauen sind eher bereit, es ihrem Zahnarzt einzugestehen. Es handelt sich um Schmerzen im Kopfbereich, die chronisch werden können; das Kiefergelenk schmerzt, die Mundöffnung kann behindert sein, Knacken im Gelenk wird registriert, und es manifestiert sich als Kopfschmerz.

Nun haben aber 80 Prozent der Menschen Kiefergelenkstörungen, viele empfinden dabei keine Schmerzen, in anderen Fällen aber verschwinden die Schmerzen auch dann nicht, wenn eine aus zahnmedizinischer Sicht ideale Rekonstruktion erfolgt ist.

Das aber zeigt uns, daß hier mehrere Dimensionen von Krankheitsverständnis aufeinandertreffen.

Der Schmerz ist sicher da, aber wie entsteht er?

Eine Falschfunktion begünstigt Knirschen und Pressur bei psychischer Belastung; ebenfalls sind Zahnfleischerkrankungen unter Streß beobachtet worden. Das Mundgewebe wird verändert, am Ende steht Zahnverlust, der als erschreckender Hinweis auf die Vergänglichkeit des Körpers empfunden wird und so zu weiterem Streß führt.

Der ursprüngliche Streß, der eine »Triggerfunktion« hatte, (Trigger ist der Abzug am Gewehr), aber ist durch Frustrationserlebnisse entstanden, die noch gar nichts mit dem Mund-Zahnbereich zu tun hatten.

So haben wir also selbst den Finger am Abzug, lösen die ganze Kette daraus sich ergebender Ereignisse aus, weil wir nicht nachforschen, was uns so beunruhigt.

Wieder einmal besteht eine Diskrepanz zwischen dem Idealbild, das ich von mir habe und dem, was ich meiner Meinung nach bin – ich habe Minderwertigkeitsgefühle, kritisiere mich selbst zu stark, versuche mich für andere aufzuopfern und meine unerfüllten, großen Wünsche bleiben eine Fata Morgana am Horizont.

So werde ich meine Oase nie erreichen. So verliere ich meine Zähne, der geistig und gefühlsmäßig zerrüttende und beunruhigende Einfluß (Streß) aber bleibt in meinem Leben. Die Glieder der Kette reihen sich aneinander, wobei eins ins andere greift, es möglich macht – bis mir alle Zähne ausfallen.

Auch dann gibt es keine Ruhe. Die Prothese werde ich mit dieser depressiven Grundeinstellung und meiner Antizipationsangst (Erwartungsangst) davor auch nicht vertragen.

Ich kann vom Zahnarzt Wunder an Wiederherstellung erwarten, er kann sogar noch handwerkliche Wunder liefern (die manchmal so teuer wie ein edles Schmuckstück sind), aber *Ich* muß sie aufnehmen und integrieren, denn ohne meine Bereitschaft werden sie nie »meine dritten Zähne« werden.

Der Zahnarzt aber ist der Wächter dieses sich miteinander Anfreundens. Er muß zwischen den reparierten oder »neuen« Zähnen und mir vermitteln, wobei ich ihn angstvoll abwehre. Das ist es, was seinen Burn-out (Ausbrennen) verursacht: die Erschöpfung durch Arbeit plus Kraftverschwendung.

Zwischen der Angst des Patienten und dem Burn-out des Arztes steht die Compliance, die innere und äußere Einwilligung des Patienten, und kaum ein anderer Arzt ist so auf die Compliance angewiesen.

Wir allein haben es in der Hand, unsere Zähne zu erhalten. Ein guter Zahnarzt wird uns genau erklären, oder von seinem Personal erklären lassen, wie man die Zähne pflegt und eine gründliche Zahnreinigung in der Praxis dem Bohren am kranken Zahn vorziehen.

Auch mit der richtigen Einstellung wird der Zahnarztbesuch nicht zu einem unserer Hobbies werden, aber zu einem mutigen Schritt in Richtung Selbsterkenntnis und Selbstverantwortung:

Ich will mir meinen Biß erhalten.

Ich will Zähne zeigen.

Ich verzichte auf Zucker, Chips und Co im Übermaß.

Ich wechsle meine Zahnbürste alle vier Wochen.

Ich informiere mich über die richtige Zahnpasta.

Ich putze meine Zähne, ohne Dellen reinzuscheuern.

Ich strahle mich im Spiegel an.

30
Kopf contra Triebe
(Migräne)

Jutta ist ein Muster an Ordnung und Disziplin. Bei ihr muß alles wie am Schnürchen gehen und nach ihrer Anweisung, sonst könnte sie nicht ihren Beruf ausüben und gleichzeitig Sohn Kai erziehen.

Kai ist ein sensibles Problemkind, zwölf Jahre alt, und er leidet unter Migräne.

Jutta leidet auch unter Migräne.

Zwei Migränepatienten hat Bernd, ihr Mann, nicht ausgehalten. Er hat sie verlassen.

Jetzt ist sie mit ihrem Sohn allein. Sie sind Leidensgenossen und aufeinander angewiesen; das verbindet.

Jutta zieht eine Schublade nach der anderen auf, sie sucht Kais Medikamente. Hat er sie bei der Großmutter vergessen? Was hätte sie tun sollen, wenn er inzwischen einen Migräneanfall bekommen hätte? Gar nicht auszudenken! Morgen will sie für eine Woche mit ihrem Freund Christof verreisen. Darum packt sie Kais Koffer für den Aufenthalt bei ihrer Mutter.

Sie wagt aber nicht, ihre Mutter zu fragen, ob die Arzneien noch dort sind. Sie weiß, daß ihre Mutter das alles mißbilligt, daß Kai Migräne hat, daß Jutta verreisen will, daß Kai Medikamente nimmt.

Sie zieht weitere Schubladen auf, ist durcheinander: »Die können doch nicht verschwunden sein!« Sie kann überhaupt nicht glauben, daß in ihrer so ordentlichen Wohnung (das billigt ihre Mutter) etwas nicht aufzufinden ist, sich etwas ihrer Kontrolle entzieht.

Sie erregt sich also über die Maßen und schicksalhafterweise denkt sie: »Hoffentlich bekomme ich jetzt nicht wieder meine Migräne, das hätte mir gerade noch gefehlt.« Sie will zum ersten Mal nach Bernds Weggang versuchen, mit einem Mann zu verreisen. Sie hat Skrupel und fürchtet latent irgendwelche Konsequenzen: Daß ihr Sohn ihr seine Liebe entzieht, daß ihre Mutter eine Rechtfertigung verlangt.

Jutta will fit und frisch und frei sein für den Freund. Ihm will sie auf keinen Fall als problembeladene Frau erscheinen, er hat ein starkes Gespür für Zwischenmenschliches, und sie bewundert seine Intelligenz. Belesen ist er auch, und neulich zitierte er Balzac: »Migräne, die Königin aller Krankheiten, die merkwürdigste Waffe und die furchtbarste in der Hand der Frau gegen den Eheherrn...« Seitdem fühlt sich Jutta vor ihm so transparent und verunsichert. Tief drinnen ist sie wütend, am liebsten hätte sie ihm den Hals umgedreht bei der Bemerkung, so entblößt fühlte sie sich. Aber sie unterdrückte diese Aggression, damit Bernds Prophezeihung, mit ihr könne man nicht leben, nicht wahr werden konnte.

Dabei weiß sie, daß sie nichts tun kann, wenn diese grausamen Attacken sie heimsuchen.

Je mehr ihre Gedanken abschweifen, desto stärker wird ihr zum Heulen zumute. Je mehr ihr zum Heulen zumute wird, desto stärker unterdrückt sie diesbezügliche Wünsche.

Entspannung ist für sie kein wünschenswerter Zustand. Sie ist ein umtriebiger Mensch, Christof liebt sie ihrer geistigen und körperlichen Beweglichkeit wegen, er reagiert nicht wie Ehemann Bernd, der gerne sagte: »Reg' dich bloß nicht künstlich auf!«

Sie darf Christof nicht verlieren.

Wie sicher aber ist sie Christofs, und wie sicher ist sie sich ihrer Sexualität?

Warum macht sich diese Migränepatientin so viele Umweggedanken? Will sie den Mann oder dessen Intelligenz, vor der sie gleichzeitig feindselig zurückschreckt? Spielt sich ihr Triebleben in ihren Gedanken und somit im Kopfbereich ab?

Ihre Aggressionen gegen den Ehemann, den Freund, die Mutter, auch den Sohn sollte sie ausleben, dabei ihren Standpunkt behaupten und somit zu gesunder Individualität finden. Statt dessen unterdrückt sie ihre sexuellen Wünsche, tritt in Konkurrenz mit jedermanns Leistung, sei es im Beruf, sei es im Privatbereich, und macht sich das Leben schwer.

Der vasomotorische Kopfschmerz wird durch eine Überdehnung und starke Füllung der Blutgefäße hervorgerufen. (Vasomotoren sind die Nerven, die die Gefäße erweitern oder verengen.)

Bei der Migräne, einem meistens einseitig auftretenden Kopfschmerz (von Hemicrania – Halbkopf) reagieren die Kopfgefäße besonders empfindlich, die Schläfenarterien erweitern sich, der Kopfschmerz nimmt langsam zu, hält mehrere Stunden (manchmal auch Tage) an und geht in Übelkeit oder Erbrechen über. Die Ursache der Migräne ist nicht bekannt.

Es gibt eine Menge Medikamente, die im Anfall oder im Intervall (zwischen den Anfällen) genommen werden können. Sie alle haben zum Teil erhebliche Nebenwirkungen und dürfen also nur streng nach Vorschrift eingenommen werden. Es ist um so schwieriger zu beurteilen, was wann wie wirkt, da die »Placebowirkung« bei 50 Prozent liegt. Das bedeutet, daß die Schmerzen unter wirkstofffreien Medikamenten nachlassen, wenn der Patient im Glauben ist, einen Wirkstoff eingenommen zu haben.

Ebenso gibt es Hinweise auf erbliche Komponenten, die aber auch nicht so hieb- und stichfest sind, wenn man wirklich genau nachforscht, wie viele Personen in der Familie unter Migräne leiden und berücksichtigt, daß eben diese Familienmitglieder aus derselben sozialen Umwelt kommen und schon als Kinder dem migräneerzeugenden Milieu ausgesetzt sind.

Je mehr man fragt, desto mehr Fragezeichen treten auf.

So kann Migräne als Endstadium einer Kette von Gedanken, wie ein besonders dickes Ausrufezeichen verstanden werden. Somatisch gesehen ist sie ein Korrelat der Angst, daß heißt: Angst ist psychisch und erzeugt im Körper diese Schmerzen.

Untersucht man die Summe der Migränepatienten, wird ein sensibler, pflichtbewußter Typ sichtbar, dem Intellekt wichtig ist, der sich nicht gern gehen läßt und der einen hohen Leistungsstandard hat.

Der vitale Mensch aber hat Triebe, erotische oder aggressive etwa. Versucht nun der Kopf all das zu unterdrücken, so zwingt er den Körper in ein weniger vitales Leben, zum Beispiel in das Leben eines Migränikers.

Hohe Leistung ist nur mit Konkurrenzdenken und aggressivem Besserseinwollen zu erreichen.

Zum Eklat kommt es, wenn wir mehr geben wollen, als wir können. Bei Leistungsüberforderung treten Kopfschmerzen auf.

Muß der Kranke sich in einem Anfall in ein abgedunkeltes Zimmer zurückziehen, wird sein Gefühl von Ekel und Abwehr besonders stark. Nach dem Anfall fühlt er sich dann besonders gut, als hätte sich in diesem kurzen Drama etwas für sein Leben geklärt, was er im Alltag nicht zu klären in der Lage ist.

Die Kettenreaktion sieht etwa so aus: Angst vor Erotik und

Aggression – Versuch, die Angst zu kontrollieren – übersteigerte Muskelspannung – Schmerz-Antizipationsangst (schicksalhaftes Erwarten des Wiederholungsvorganges) – Migräneattacke.

Ich fürchte die Attacken meines Sexualtriebes. Ich fürchte sie gedanklich, daraus entsteht mein Druck im Kopf, der sich nur in einem Anfall (wie einem Pseudoorgasmus) entladen kann. Danach geht es mir sehr gut, ich vergesse wieder, was in mir den Druck, den ich in den Kopf verschoben habe, ausgelöst hat – und habe mit meiner Kopfgeburt wieder Zeit bis zum nächsten Anfall gewonnen.

Behalte ich dieses Muster bei, sehe ich mich als Migräniker, ist jede Hilfe umsonst.

Die Forderung heißt also Umkehr: Ich will mich von meiner Biographie als Migräniker lösen, sie neu schreiben und leben:

Reale Gedanken erregen meine Nerven weniger. Ich ändere also mein Sortiment von Gedanken und beobachte, welche Gefühle ich mit meinen Gedanken verbinde, wie sich meine Gedanken auf meine Muskelreaktionen auswirken.

Ich erlerne Autogenes Training.

Ich entspanne mich und lausche nach innen – dort finde ich auf alles eine ehrliche Antwort, die Wahrheit läuft außer Konkurrenz.

31
Wer hat die Nase vorn?
(nervöser Schnupfen – vasomotorische Rhinopathie)

Jürgen ist einer von den Familienvätern, die sich auch um ihre Kinder kümmern, über deren Krankheiten Bescheid wissen, über ihre schulischen Erfolge und Mißerfolge im Bilde sind und ihrer Frau gerne Besorgungen abnehmen – besonders wenn alle drei Kinder gleichzeitig krank sind.

Wenn die ganze Familie erkältet ist, geht er in die Apotheke, um die Medikamente zu holen.

Dabei nimmt er für sich gleich mal ein Nasenspray oder Schnupfenkapseln mit, denn im Büro zu sitzen und rumzuschniefen beziehungsweise vor Schnupfen nicht sprechen zu können, muß ja heute, dank der guten Medikamente, nicht mehr sein. Meint er.

Wenn die Kinder aber immer wieder Erkältungen aus der Schule mitbringen oder sich gegenseitig anstecken, kann so eine Krankheitsperiode sehr lange dauern. Das macht Jürgen aber nichts – er hat ja seine Tropfen, die die Nase frei machen und Luft geben. Er benutzt sie auch.

Will er nach einiger Zeit aufhören und hat aber noch dieses Gefühl einer verstopften Nase, nimmt er sie weiterhin. Nach weiteren Wochen kommt es ihm merkwürdig vor, ohne Spray in der Tasche ins Büro zu gehen, denn dort muß er einen klaren Kopf haben.

Auf die Idee, diese rezeptfreien Mittel könnten schädlich sein, kommt er nicht. Außerdem läuft seine Nase trotzdem.

Von »altmodischen« Dampfbädern hält er nichts, und Sprays zieht er Tropfen vor, weil man sie problemlos ohne große Verrenkungen in die Nase bringen kann.

Jürgen steckt überall seine Nase rein, weiß über alles Bescheid, seine Maxime heißt: »Vorbeugen ist besser als langwieriges Auskurieren.« Er gibt seiner Frau auch gerne gute Ratschläge, die manchmal mit den Anweisungen des Kinderarztes kollidieren.

Jürgen hat den richtigen Riecher, und er will seinen Riecher besonders pflegen.

Seine Nase aber dankt ihm diese Fürsorge wenig, denn sie ist ständig verschnupft. Allgemein sagt man, Jürgen habe eine angenehme Stimme, jetzt aber hat sie dauernd diesen näselnden Unterton. Das macht ihn langsam nervös. Aber ein nervöser Typ ist Jürgen ohnehin und umtriebig dazu.

Wie viele Menschen verwechselt er seinen »Schnupfen« mit einem Nasenkatarrh. Ein Nasenkatarrh ist eine akute, virusbedingte Entzündung der Nasenschleimhaut, bei der sie stärker durchblutet wird, anschwillt und stärker Sekret absondert. Hinzu kommen kann noch eine eitrige Entzündung. Gegen virusbedingte Erkrankungen gibt es kein Heilmittel. Sie dauern in der Regel ungefähr zehn Tage, wie wir alle wissen. Schleimhautabschwellende Tropfen können die Symptome bekämpfen, nicht aber die Krankheit, sie geben für eine halbe bis eine Stunde etwas Erleichterung.

Unter dem Begriff »Schnupfen« aber verstehen wir fast alles, was mit einem ungewohnten Gefühl in der Nase uns stört, wobei mit zu trockenen Schleimhäuten ein Blockierungsgefühl einhergeht. Versucht man nun noch, diesen »Widerstand« durch wiederholtes Schneuzen zu entfernen, werden die Schleimhäute noch einmal gereizt. Es kann bis zum Nasenbluten kommen. Dann aber ist der Endzustand jeder Nasenkrankheit erreicht, es entsteht eine »Trockennase«, die gleichzeitig wässeriges Sekret absondert.

Dieses »Naselaufen« kann durch Genuß von Kaffee, Wein, Bier, stark gewürzte Speisen und durch Temperaturwechsel spontan ausgelöst werden. Auch körperliche Anstrengung oder Streß jeder Art kann es hervorrufen.

In der Nase enden viele Nerven des sympathischen und parasympathischen Systems, die, je nachdem, welcher Nerv erregt wird, die Gefäße erweitern oder verengen, somit eine stärkere oder schwächere Durchblutung verursachen.

In diesem differenzierten System werden verschiedene Reize verarbeitet, bei denen die abschwellenden, sympathikuserregenden und gefäßverengenden Nasentropfen nur als »Eingreifer« wirken. Um die richtige, von der gesunden Nase gesteuerte ausgewogene Funktion nicht zu stören, dürfen wir also nicht dauernd in einer Richtung dazwischenfunken.

Zum Beispiel kann auch Kamille zur Austrocknung beitragen, sie darf also in fortgeschrittenen Fällen von Trockennase nicht mehr angewandt werden. Am besten ist, wir lassen die Nase ganz in Ruhe, achten auf genügend Luftfeuchte, reizen sie mechanisch nicht durch zu häufiges Schneuzen und benetzen die Schleimhäute mit Kochsalzlösung, was ein Ersatz für den gesunden Aufenthalt in der nebelhaltigen Nordseeluft wäre.

Das Flimmerepithel der gesamten Schleimhaut hat ja die Aufgabe, Staub und Mikroorganismen im Schleimbelag zu transportieren und so unschädlich zu machen. Zu diesem Zweck darf der Schleim weder zu zäh noch zu dünnflüssig sein, es ist also sehr wichtig, daß er sich regenerieren kann.

Der Patient muß die trockene Nase und die sich daraus ergebenden unangenehmen Gefühle also im großen Zusammenhang Körper begreifen. Ist die Nasenschleimhaut wiederhergestellt, wird nachts nicht mehr durch den Mund geatmet und die Folgeerscheinungen wie Schluckbeschwerden, Heiserkeit, Reizhusten, häufige Infekte oder Dauerbronchitis hören auch auf. Rauchen ist natürlich auch in diesem Zusammenhang schädlich und verstärkt die Beschwerden. Ebenfalls trocknen viele Beruhigungsmittel die Schleimhaut aus.

Für einen nervösen, irritierten Patienten gibt es nur einen Ausweg: Sich seiner subjektiven Beschwerden bewußt zu werden und nicht mehr auf einen Erfolg über Nacht zu warten.

Vor ihm liegt ein langwieriger Prozeß, bei dem er seine Nase in Ruhe lassen soll, damit sie sich erholt und ihrer natürlichen Aufgabe gerecht werden kann.

Denn bis jetzt hat er dieses Organ an der Nase herumgeführt und, dabei zunehmend ärgerlicher werdend, gemeint, seine Nase habe sich verselbständigt und spiele ihm einen Streich.

Das muß ich jetzt begreifen.

Auch Kopfschmerzen, Ohrenschmerzen oder das, was als »Nasenwurzelschmerz« beschrieben wird, sind Folgen eines anhaltenden nervösen Schnupfens. Ich frage mich, wovon ich denn nun so »die Nase voll« habe, daß ich dauernd an meiner Nase herumdoktere und wieso sie es überhaupt hat schaffen können, so dauernd fühlbar zu werden.

Ich versuche also dieses »Verschnupftsein« da abzureagieren, beziehungsweise zu klären, wo es gerechterweise geklärt werden muß. Sei es nun in der Familie oder im Beruf.

Diesmal soll meine sehr sensible Nase mir helfen, den wirklichen Störenfried aufzuspüren. Dann nehme ich mir vor, mich etwas weniger ängstlich im Leben zu behaupten.

Ich werde folgendermaßen vorgehen:

Ich nehme keine schleimhautabschwellenden Nasentropfen mehr, schon gar nicht in Sprayform.

Ich sorge für genügend Luftfeuchte in den Räumen, in denen ich mich aufhalten muß.

Ich mache Sole-Inhalationen oder benutze ein Nasenspray mit physiologischer Kochsalzlösung.

Ich ziehe einen Aufenthalt an der Nordsee im Frühjahr oder im Herbst in Erwägung.

Ich lasse meinen falsch behandelten Schleimhäuten Zeit, sich zu erholen.

Wenn ich dann wieder die gesunde Nase »vorn habe«, will ich diese Fehler nie wiederholen.

32
... und sonntags nimmt er sich immer seinen Schnupfen!
(Erkältung, Schnupfen – Infektionskrankheiten)

Familie Schneider ist eine ganz normale Familie. Vater Schneider, Mutter Schneider und die zwei Schneiderkinder. Es ist Adventszeit – Hochzeit, Kampfzeit. Alle in der Familie sind gestreßt.

Herr Schneider arbeitet als Abteilungsleiter in einer Metallwarenfabrik. Zur Zeit wühlt er aber nur noch in seiner Arbeit. Es ist einfach alles zuviel! Alles soll noch schnell vor Weihnachten und dem Jahresende erledigt werden. Erledigt aber ist nur Herr Schneider!

Die Kinder besuchen das Gymnasium und schreiben jeden Tag mindestens eine Klassenarbeit. Die Zeit zwischen den Herbstferien und Weihnachten war kurz, und im neuen Jahr soll es gleich die Zeugnisse geben.

Frau Schneider ist die einzig Frische und Fröhliche in der Familie. Durchstehen heißt ihre Devise: Also, nichts wie ran an Weihnachtseinkäufe, Plätzchen backen, Koffer packen ... – denn über die Weihnachtsfeiertage wollen sie in ein kleines

Schwarzwaldhäuschen verreisen. Schnee soll es dort haben und die Skier sind schon gepackt.

Zwei Tage vor ihrer Abreise legen sich die Kinder mit Fieber und Husten ins Bett. Die Kinder sind völlig erschöpft. Der Hausarzt kommt, tröstet die entnervte und besorgte Familienmutter und versichert: Doch, doch sie können schon verreisen und verschreibt Medikamente.

Abreisetag. Die Familie packt. Vater und Mutter schleifen mit verbissenen Mienen Weihnachtsbaum und Christbaumschmuck, Skier und Koffer, Spielzeug und Geschenke ... Ganz zum Schluß hüpfen die warm verpackten Kinder ins Auto. Jetzt kann's losgehen. Ein Seufzer, geschafft.

Niemand sieht, wie schlecht es dem Vater geht. Er ist völlig fertig, schwitzt, es wird ihm heiß und kalt, und er fühlt sich elend. Er wird doch nicht auch noch krank werden!

Am Ferienort ist alles dick verschneit und herrlich. Die Luft ist so klar und alles fast feierlich still. Nur manchmal hört man das Klicken vom nahen Skilift. Die Kinder jubeln, aber Herrn Schneider ist alles egal. Er will nur noch in irgendein Bett fallen. Seine Frau tut ihm leid.

Fröhliche Weihnachten! Mit Engelsgeduld nimmt die einzig Gesunde der Familie den Kampf mit der Erkältung auf. Draußen glitzert der Schnee, drinnen glitzert das Fieber in den Augen ihrer Lieben. Frau Schneider hält die Fahne hoch, pflegt mit Honigmilch, aufmunternden Sprüchen und Verlockungen auf Pulverschnee.

Aber ganz in ihrem Innern ist sie nicht so unverdrossen munter. Die Situation kommt ihr eigentlich bekannt vor. Wie war das denn noch vor zwei Jahren im Sommer? Da ging es ihrem Mann so schlecht, daß die Abreise in die Sommerferien fraglich war.

Ihr Mann war völlig erschöpft und sein Zusammenbruch war der Auftakt für Südfrankreich. Er hatte damals eine Sommergrippe und fast eine Lungenentzündung. Trotzdem waren sie damals gefahren. Es war fast unverantwortlich.

Und wird er nicht oft an Wochenenden krank, gerade immer an den Wochenenden, wenn die Familie Zeit füreinander hätte und sie ihre Freizeit richtig genießen könnten?

Nein, gerne wird er natürlich nicht krank, und es geht ihm auch jedesmal richtig schlecht. Aber es ist doch auffallend häufig. Meistens sind es Erkältungen, manchmal auch Kreuzschmerzen, so daß er nur liegen kann, manchmal aber auch eine ordentliche Darmgrippe. Wie auf Bestellung beginnen die Schmerzen am Freitagabend und verklingen am Sonntagnachmittag langsam wieder. Zu Anfang war die ganze Verwandtschaft sehr besorgt, in der letzten Zeit aber scheinen sie alle zu belächeln. Wenn schon krank sein, dann aber richtig, mit Arztbesuch, Krankschreiben und wenigstens eine ganze Woche!

Sie waren ja sonst eine gut funktionierende Familie, eine gut geschmierte kleine Mannschaft. Jeder konnte sich auf jeden verlassen. Er der Stürmer, sie die Verteidigerin, die Kinder die Mitspieler. Wie konnte es also kommen, daß ihr sonst zuverlässiger Mann so anders »spielte« und Krankheiten so wenig stoppen und abwehren konnte?

So wie Herrn Schneider geht es vielen Menschen. Diese Menschen sind arbeitsam, pflichtbewußt und tragfähig. Sie arbeiten gern, haben wirklich Freude an ihrer Arbeit, setzen sich ein Ziel und wollen das auch unbedingt erreichen. Dabei geht es oft über ihre Kräfte, aber sie wollen durchhalten und überfordern sich bis zur Erschöpfung. Sie handeln nach dem Motto: nicht aufgeben, durchbeißen. Dabei überhören diese Menschen die Warnsignale ihres Körpers.

Sie gönnen ihrem Körper erst dann Ruhe und Entspannung, wenn sie das für richtig halten. Und zum Beispiel am Wochenende oder in den Ferien kann dann der Infekt, den sie vielleicht schon länger in sich tragen oder sogar schon gespürt haben, zum Ausbruch kommen. Vielleicht auch wird sich ihre Erschöpfung jetzt erst in einem Infekt zeigen, gegen den sie im Augenblick nicht immun sind. Alle Körperenergien sind beim »Durchhalten« und bei der Härte gegen sich selbst verbraucht worden. Gönnt man sich dann endlich einmal Ruhe, »dankt« das der Körper mit Erschöpfung und Krankheit.

Der Körper »nimmt« sich also seine Krankheit, sobald er nicht mehr im Zugzwang eingespannt ist. Er signalisiert damit: Gönne mir mehr Ruhe und Entspannung, laß mir Zeit, damit ich mich regenerieren kann, verwöhne mich auch einmal.

Manche Menschen sind aber so auf Tatkraft, Aktivitäten und »Nicht-Locker-Lassen« programmiert, daß sie sich höchstens eine Wochenendkrankheit erlauben oder »urlauben«. Sie wollen nicht erkennen, daß ihr Immunsystem, ihre Abwehrkräfte im Moment nicht das leisten können, was sie selbstverständlich erwarten. Die kleineren oder größeren Botschaften ihres Körpers wollen oder können sie nicht hören.

Wenn nämlich das Warngerät der Heizungsanlage eine Störung signalisiert, dann schalte ich es doch erst einmal ab und stelle damit den Betrieb ein. Mehr Leistung könnte ihm schaden!

Wenn ich also öfter mal kleinere Anflüge von Krankheiten habe, die ich vielleicht bisher »weggesteckt« habe, will ich in Zukunft folgendes tun:

Ich will in mich hineinhören, woher diese »Betriebsstörungen« kommen könnten.

Ich will mir mehr nachgeben, wenn ich entdecke, daß ich mich überfordere und Ruhe brauche.

Ich will mir überlegen, wie ich Arbeit und Freizeit besser in mein Leben integrieren kann.

Ich will, was mir zuviel wird, einfach einmal lassen können.

33
Wer nicht hören will ... entzieht sich seiner Umwelt
(psychosoziale Verhaltensstörung)

Rhonda lebt mit Jessica und Astrid in einer Wohnung.

Alle drei studieren. Manchmal sind sie froh, nicht allein zu wohnen, sie kochen gemeinsam, lachen zusammen und lästern über Mitstudenten oder Professoren. Das macht Spaß. Manchmal allerdings gehen sie sich auf den Wecker und wären lieber allein. Jessica zieht dann ihre Joggingsachen an und rennt durch den Stadtpark. Astrid holt ihr Fahrrad raus, fährt durch die Straßen oder besucht andere Leute, die ihr nicht auf den Wecker gehen. Rhonda aber geht nicht weg. Sie schaltet ab.

Sie setzt sich vor den Fernseher oder hört Musik, wobei es sie nicht stört, daß es die anderen beim Lernen behindert. Sie lerne sogar noch bei laufendem Fernseher und trotz lauter Musik, sagt sie. Auf jeden Fall ist sie unansprechbar. Sie hört einfach nicht.

Sie hat diese Marotte schon soweit kultiviert, daß sie auch im Gespräch behauptet, nicht zu wissen, wovon die anderen reden. Sie guckt ihnen unschuldig ins Gesicht, als tauche sie aus ganz anderen Welten auf, Welten, in die sie ihr nie würden folgen können. Sie schiebt Desinteresse vor und treibt die anderen zur Weißglut. Rhonda ist die Intelligenteste der drei, aber viele kleine Dinge des Alltagslebens kann sie sich einfach nicht merken. So vergißt sie, den versprochenen Zucker mitzubringen, woraufhin Astrid schimpfend losfährt, um ihn zu holen.

Rhonda geht gern ins Kino, weiß auch über alle Filme der Kinogeschichte bestens Bescheid. Sich in Träumen verlieren, das ist ihre Sache.

Eines nachmittags, als Jessica und Astrid beim Tee sitzen, kommt sie wutschnaubend nach Hause und sprudelt los: »Also, der Jan ist ein Idiot. Ich habe ihn gefragt, ob er wüßte, in welchem Kino *Spiel mir das Lied vom Tod* läuft«.

»Ja und?« fragen die Mädchen.

»Der hat so getan, als wenn er meine Frage nicht gehört hätte, und hat sich weiter mit Heike unterhalten«.

Astrid und Jessica platzen los vor Lachen – Rhonda steht beleidigt daneben.

Wer nicht hören will muß fühlen, sagt die alte Weisheit.

Aber hat sie es bereits gefühlt? Offensichtlich ist ihr Jans Reaktion unerklärlich, sonst hätte sie das Erlebnis wohl verschwiegen.

Die beiden werden ihr schon Nachhilfe geben auf dem Weg zur Selbsterkenntnis. Denn was Hänschen nicht lernt, lernt Hans nimmermehr.

Der Ehemann, der auf die Frage seiner Frau, ob er Kaffee oder Tee trinken möchte, mit »ja« antwortet, wobei er eine abwertende Geste macht, die besagt: »Frag mich doch nicht so etwas Banales«, lernt es wohl nicht mehr.

Der Mensch ist mit verschiedenen Kommunikationswerkzeugen ausgestattet. Augen für den Blickkontakt, Ohren und Mund für den verbalen Austausch, und er hat eine große Fläche Haut, die ab und zu gestreichelt werden möchte. Eine alte Indianerweisheit sagt: »Wenn Du mir den Rücken kraulst, kraule ich Deinen«.

Daß wir in der Massengesellschaft einige dieser Wünsche verlernen, ist verständlich. Wir können in einer vollbesetzten U-Bahn nicht jeden anschauen oder mit jedem sprechen. Also entwickeln wir ein Verhalten, um unsere Individualität zu schützen: wir tun so, als wären die anderen nicht da.

Nehmen wir diesen Schutzmechanismus aber mit ins Privatleben, haben wir die Verbindung zur Realität verloren. Wenn wir uns dann noch über den Ärger unserer Freunde und Angehörigen wundern, wird es höchste Zeit, etwas zu ändern.

Wenn ein Mensch seine organisch intakten Sinne nicht einsetzt, unterdrückt er die Umwelt, bringt das soziale Gefüge durcheinander.

Warum tut er das? Er erzwingt Aufmerksamkeit; er sendet stumme Signale und hofft vergebens, daß sie mit Zuwendung und Liebe beantwortet werden.

Auf diese Art aber wird er Wut, Enttäuschung und schließlich Verachtung hervorrufen.

Er stellt sich taub und wird zur »tauben Nuß« erklärt, mit der nichts los ist und die ruhig auf ihrem Abstellgleis bleiben soll. Denn wer will sich durch dieses Verhalten dauernd aufs neue beleidigen lassen? Es ist eine Waffe, die der »Taube« immer bei sich führt und die er jederzeit einsetzen kann.

Rhonda spielt hier nicht mit einer kleinen, dummen Angewohnheit, sondern sie legt das Muster für ihr gesamtes späteres Leben fest.

Wenn sie von diesem Muster nicht lassen kann, ist sie bereits krank, wenn sie davon nicht lassen will, wird sie zwangsläufig krank werden, weil sie in der Folge noch andere Fähigkeiten unterdrücken wird, etwa ihren gesunden Atemrhythmus oder den Stoffwechsel.

Wenn ich mir meinen Selbstausdruck beschneide, indem ich nicht höre und spreche, beschneide ich meine Chancen, Lust zu empfinden und Gefühle und Ideen auszudrücken.

Ich bestrafe mich selber.

Im Moment meines Schweigens fühle ich mich wunderbar stark, dem Dummen überlegen, der das Fragen nicht aufgibt oder mir sogar weiterhin Mitteilungen macht, mich am Leben teilnehmen lassen will.

Danach aber fühle ich, wie meine inner Starre immer stärker wird, wie meine Angst, nicht beachtet zu werden, wächst, und beim nächsten Mal bin ich wieder taub.

Taub und stumm und starr und ängstlich, bis ich mir selbst überhaupt nichts mehr zutraue, jedenfalls nicht im zwischenmenschlichen Austausch. Allmählich haben andere Menschen ja konkrete Gründe, mich nicht zu mögen.

Vielleicht verstopfe ich mir einen Tag lang die Ohren mit Ohropax, um zu erleben, wie sehr ich mich bereits abgeschnitten habe vom Leben und was auf mich zukommt, wenn ich so weitermache:

Ich überlege mir, was mich an den anderen stört, versuche herauszubekommen, worauf speziell ich mit Taubheit reagiere, aber ich muß und will diese beiden Themenkreise trennen und jeden für sich mit den angemessenen Mitteln beantworten.

Ich überlege mir, warum ich mir so sehr in der Rolle dessen gefalle, der außerhalb steht, der in anderen Welten lebt, nicht hört und sieht, was um ihn geschieht.

Ich werde mir klar, daß ich die anderen nicht täuschen kann.

Ich kämpfe mit offenem Visier und spreche an, was ich an unserem Zusammenleben ändern möchte, und vergebe nicht alle meine Chancen, indem ich mich sinnlos und falsch verhalte.

34
Wer's nötig hat, gibt an
(mangelndes Selbstwertgefühl)

Die Freunde saßen am Stammtisch. Der schöne Alexander, der Sportwagenfahrer Roland und Claus, der etikettlos war. Er war ein guter Zuhörer.

Sie tauschten ihre Erlebnisse des letzten Monats aus.

Wenn ein junges Mädchen hereinkam, drehten Alexander und Roland sich solange nach ihr um, bis sie rot und verlegen wurde oder lachen mußte. Aber keines der Mädchen setzte sich an ihren Tisch.

Alexander und Roland schnitten mal wieder prächtig auf, und Claus schmunzelte dazu, er war ruhiger, und manchmal fragte er sich, wieso er eigentlich diese beiden Typen traf. Sie zogen ihre Schau ab, und er war ihr Zuschauer, aber sie waren zusammen zur Schule gegangen, und das verband sie eben. Er machte sich auch Gedanken über das, was eine Männerfreundschaft ausmacht. Die beiden Helden sahen ihn als ihren Mitläufer an, der sozusagen in ihrem Kielwasser lebte.

Sie sprachen von tollen Puppen und tollen Autos, und

Alexander, der lässig eine teure italienische Lederjacke über die Schultern gehängt hatte, erwähnte gerade, daß sein Freund Max sich einen Ferrari gekauft habe, als Claus zu lächeln begann. Alexander schrieb das auf sein Konto, wegen des tollen Freundes. Dann aber trat ein besonders hübsches Mädchen mit einem schwarzen Herrenhut an ihren Tisch, küßte Claus auf die Wange, gab den beiden anderen strahlend die Hand und stellte sich als Stefanie vor.

Etwas perplex waren sie, fingen sich aber sofort – und nun begann das Spiel mit der Angeberei lauter und schneller zu werden. Sie wollten Stefanie imponieren. Diese bestellte sich einen Wein und hörte dem Wortschwall freundlich zu, wobei sie vertraulich den Arm auf Claus' Schulter legte, so als kannten sie sich schon lange.

Nach einer Stunde sagte Stefanie: »Ich muß jetzt gehen, ich rufe dich morgen an, Claus, vielleicht hast du Zeit.« Sie stand auf, und Claus half ihr in den Trenchcoat.

Sofort bot Roland an, sie nach Hause zu fahren. Stefanie aber sagte: »Danke, ich habe mein Fahrrad dabei.« Einen Moment noch blieb sie am Tisch stehen, strahlte die beiden an und sagte: »Ihr seid ja schon gut, ihr beiden, aber das Tollste, was ich je gehört habe, stammt von einem Bekannten meiner Eltern. Der sagte: Ich kenne eine Frau, die hat mit Omar Sharif geschlafen. Seitdem ist es in unserer Familie eine Redensart: Ich kenne einen, der kennt eine, die mit Omar Sharif geschlafen hat. Vielleicht könnt ihr das in euer Repertoire einbauen.« Dann verschwand sie.

»Was hat die denn, kennst du die?«

»Ja, sie ist eine besonders liebe Freundin.«

»Und wieso hast du nie von ihr erzählt?«

»Was soll ich schon erzählen – wir reden viel miteinander, wenn sie mal hier ist... wir haben Vertrauen zueinander.«

Alexander und Roland waren total durcheinander: Claus und dieses schöne Mädchen? Das ging nicht in ihren Kopf.

In den Kopf eines Angebers scheint vieles nicht zu gehen. Er ist so mit sich beschäftigt, daß er gar nicht merkt, was um ihn her geschieht beziehungsweise was möglich ist.

Angeberei ist eine weit verbreitete Verhaltensstörung. Es kommt immer das dabei heraus, was der Angeber nicht will: Er macht einen schlechten Eindruck, weil selbst das simpelste Gemüt erkennt, wenn jemand angibt.

Warum verlegen sich so viele Männer und Frauen, die attraktiv und intelligent genug sind, durch ihre Person jede erwünschte Wirkung zu erzielen, aufs Angeben; warum nehmen sie es auf sich, verlacht zu werden?

Oft reicht ihnen das Anlegen und Vorzeigen (show off, wie es im Englischen heißt) von Statussymbolen nicht, und sie weisen noch zusätzlich daraufhin, was sie besitzen. Oder sie versuchen sich mit Personen zu dekorieren, mit bekannten, schönen, möglichst einflußreichen Menschen, deren Namen jeder kennt, so werden sie zu »name droppers«, das ist ein anderer englischer Ausdruck für Angeber.

Es scheint, als hätten sie die Taschen voller Preisschilder, die sie ihren Zuhörern wie Visitenkarten aufdrängen.

Meistens geht es ums Materielle, Greifbare; sie benutzen Begriffe, die beim anderen sofort als starke Signale ankommen.

Am Ende geht es immer um Schönheit. Schönheit, die man sich als teures Produkt kaufen kann, Schönheit, mit der man sich befreundet. Man will etwas vorzeigen (show off). Das ist auch in Ordnung. Warum aber fremde Schönheit, warum nicht die eigene? Persönlichkeit, Individualität ist immer schön, anziehend und vielversprechend. Das Geschäft mit der Angeberei aber läuft auf einem sehr begrenzten Feld ab, Einfühlungsvermögen, Erfindungsreichtum gehen den Angebern ab. Sie wiederholen sich, weil sie sich, ihren Zuhörern und der wechselnden Situation nicht trauen, sich also nichts zutrauen.

Die Steine, mit denen sie um sich werfen, stammen aus dem

Baukasten der achtziger Jahre dieses Jahrhunderts und sind schon jedem bekannt.

So verbaut sich der Angeber den Weg zu wirklichem Reichtum und wirklicher Schönheit, verstellt sich die Tür zu den spirituellen und paradoxerweise letztlich auch den materiellen Werten dieser Welt.

Menschen mit Klasse geben nicht an – sie geben den Ton an, sie gestalten kreativ einen kleineren oder größeren Teil ihrer Umwelt, da sie sich nicht in der mühseligen Tretmühle von nur kopierender, reproduzierender Lebensweise erschöpfen.

Da der Angeber sich nur auf eine begrenzte Weise zeigt, gibt er den anderen keine Chance, ihn zu erfahren. So scheint also die stereotype Angeberei eine Schutzmauer gegen wirkliche Erlebnisse zu sein.

Die Gefahr, ein wirkliches Erlebnis zu haben, aber lauert überall, jeden Moment kann es geschehen. Es kann ein gutes oder ein schlechtes sein, auf jeden Fall ist es neu, anders, und es wird mich verändern:

Ich will mich also mit mir auseinandersetzen. Ich will meine Fenster so weit öffnen, daß die Luft von außen hereinwehen kann und mich berührt und verändert. Jeden Tag und jede Nacht ein wenig – bis ich ein reifer Mensch geworden bin.

Ich will mir zutrauen, Stille und Überraschungen zu ertragen, einem unbekannten Menschen neugierig zu begegnen, auch von ihm neu gesehen und erfaßt zu werden.

Ich will meine Etiketten abwerfen und mich dauernd neu definieren und erleben.

Ich will mich nicht mehr hinter einer geborgten Fassade verstecken – ich will mich um geistige Disziplin bemühen, mir selbst kritisch zuhören, Schweigen lernen und zuhören.

Ich will mich selber zurücknehmen und dem Abenteuer neugieriger Erwartung ausliefern.

Ich werde bald sehr viele Dinge hören, die mich interessieren, und meine Angebereien werden mir vorkommen wie verstaubtes Spielzeug.

35
Liebe weitet das Herz
(aktive Heilung durch Liebe)

Es war November, und Sonja mußte mit dem Zug von Hamburg nach München fahren. Ihr grauste vor der langen, langweiligen Fahrt. Noch im Dunkeln bestieg sie den Intercity. Müde und lustlos fand sie ihren Platz. Die Beleuchtung war mies, die Fensterscheiben schmutzig, sie bestellte sich einen Kaffee, aber der schmeckte ihr nicht.

Sie versuchte ein wenig zu schlafen, es klappte nicht. Draußen zog das graue, platte Land an ihr vorbei. Auch gegen Mittag war es noch graues Land, häßlich deprimierend. Nebel, Regen, auch ein wenig Sonne, Sonja fand daran keinen Gefallen. Sie versuchte zu lesen, konnte sich nicht konzentrieren, sah dauernd auf die Uhr, rechnete aus, daß sie mit dem Flugzeug jetzt schon fast in New York wäre. Aber das half nichts.

Am späten Nachmittag erreichte sie ihr Ziel, sie war wie zerschlagen.

Genau eine Woche später fuhr Sonja zurück. Diesmal war der Zug ziemlich voll. Erst nach zwei Fahrstunden konnte sie auf einen Fensterplatz rutschen und hinaussehen. Es war November, Nebelstreifen lagen streckenweise über den Feldern, Bäume mit zartem Geäst säumten Wege, die ins Land führten.

An einigen Bahnübergängen warteten Autos, und Sonja gefielen die Farben der regennassen Lacke. Sie träumte sich in die Autos hinein, fragte sich, wohin sie wohl fuhren. Sie träumte sich in die Häuser und Gärten hinein, an denen der Zug vorbeifuhr.

In den Furchen der Felder stand Wasser, in denen ein wenig Sonne wie Gold schimmerte.

Sonja bestellte einen Kaffee, dessen Duft sie einatmete, während sie durch die klaren Scheiben in die stimmungsvolle Landschaft hinaussah. Wohlig streckte sie sich in ihrem Sitz aus.

Was war geschehen? Wieso empfand sie zwei gleiche Fahrten so unterschiedlich? Ihr war in München etwas Überraschendes geschehen – sie hatte sich verliebt, und diese Stimmung nahm sie mit auf die Heimfahrt.

Plötzlich sah das ganze Leben anders aus. Die Liebe weckte in ihr Gefühle, die sie schon fast vergessen hatte. Alles war plötzlich in ein anderes Licht getaucht – November hin, November her, auch der November hatte seine Reize. Genüßlich konnte sie sich plötzlich allen Schönheiten des Lebens hingeben, sie registrieren, sehen, hören, schmecken. Alle Sinne waren geschärft, und der ganze Körper nahm die Reize der Umwelt auf. Die Liebe zu diesem Mann eröffnete ihr plötzlich Liebe zur herbstlichen Natur, zum Land, zum Gefüge des Lebens, an dem der Zug vorbeifuhr. Ihre Gedanken verloren sich in der Landschaft mit ihren Möglichkeiten.

Die Fahrt war nicht länger eine Pflicht, bei der die Gedanken nur auf das Ziel gerichtet waren, sondern sie erlebte jeden Augenblick und nahm ihn wichtig. So wurde die Qual der Hinfahrt für sie weit zurückliegende Vergangenheit. Sie hatte Abstand genommen von sich selbst.

So wie der fernöstliche Pilger, der einen heiligen Berg besteigen will, diese unvorstellbare Leistung vollbringen kann, weil er von der Heiligkeit des Berges erfüllt ist und dadurch reif wird für den Berg, die Natur, das Leben, so ist der Liebende fähig, den Augenblick zu würdigen und Kraft zu spüren, weil er sich von sich selbst gelöst hat.

Wer sich nicht gegen den Weg zum Gipfel auflehnt, den Gipfel nicht weit entfernt und außer seiner selbst begreift, sondern ihn sich mit Liebe vereinnahmt, bevor er sich physisch auf den Weg macht, hat den Sinn begriffen. Er hat begriffen, daß jeder Schritt seines individuellen Lebens einmalig und wertvoll ist.

Bei Platon ist Eros die Liebe zu etwas, ein philosophischer Trieb, die schaffende Kraft, also die Summe aller selbsterhaltenden Instinkte als Kontrast zu selbstzerstörerischen Trieben.

Gesundheit aber ist eben dieses, während Krankheit beziehungslos zur Welt geworden ist. Der Kranke sucht die Realität nur in sich selbst und stößt dabei auf seine Ängste und Triebe. Er entwickelt einen Mangel an Objektivität für alles um ihn und neigt eher zu verschiedenen Leidenschaften als zu Liebe.

Ein berühmtes Beispiel für die Unfähigkeit zu lieben ist die oft beschriebene Figur des Don Juan. Er ist infantil, traut sich in emotionaler Hinsicht nichts zu, ist seiner Männlichkeit nicht sicher und spielt nun lautstark die Rolle »Männlichkeit«. Der »große Liebende« ist also krank. Er kann nichts geben, kann nur zerstören, wo er echte Gefühle weckt, und wird daran nicht gesund.

Liebe aber ist aus anderem Material. Ein wirklich liebender Mensch ist wach, bewußt, verläßlich und gibt Vertrauen.

Diese Eigenschaften beziehen sich auf Objekte außerhalb unseres Selbst, wir geben also etwas, richten unsere Aufmerksamkeit auf das Leben um uns und erfahren so eine gesteigerte Vitalität und Kraft.

Der Liebende ist nicht geizig, er will geben, teilen und teilnehmen, er wird sich seiner Kräfte bewußt, die unerschöpflich zu sein scheinen. Liebe tritt in tausend Spielarten auf, von der Liebe zum Kosmos bis zur Liebe zum Detail, aber immer beglückt sie den Liebenden.

Liebe ist

Austausch	statt	Abgrenzung
Offenheit	statt	Verschlossenheit
Bewegung	statt	Starrheit
Lebendigkeit	statt	Erschlaffung
Intimität	statt	Vereinsamung
Aufmerksamkeit	statt	Erschöpfung
lebendiger Fluß	statt	Gefühls- und Affektstau

Der Kranke ist fixiert auf sich, auf seine einzelnen Körperfunktionen, die er so lange argwöhnisch beobachtet, bis er sie mit seinem Eifer lähmt, der normale Ablauf gestört wird und Schmerz eintritt.

Im Austausch zwischen Seele und Körper entsteht durch unsere Gefühle und Stimmungen eine individuell erlebte Wirklichkeit. Sie ist entscheidend für Gesundsein oder Kranksein, denn Gesundsein oder Kranksein (wie auch Schmerz) sind nicht immer objektiv meßbar, sondern hier handelt es sich um unser ganz persönliches Drama, für das wir weitgehend selbst das Drehbuch schreiben.

Wenn ich zurückblickend meine, ich hätte mich in meinem Leben eher krank als gesund, häufiger schlecht als gut gefühlt, dann wird es Zeit, daß ich mir ein neues Konzept erarbeite. Da ich in meinem Drama die Hauptfigur bin, beginne ich meine Hauptfigur zu trainieren:

Ich will nicht länger auf ein erlösendes Erlebnis warten, sondern lernen, allein und wunschlos glücklich zu sein.

Meine innere Ruhe will ich nähren wie meinen Körper, ich

will auf triviale Ablenkungen verzichten und Unterhaltungen, in denen nur Klischees ausgetauscht werden, aus dem Weg gehen, mich auf das konzentrieren, was in mir wächst ohne Dauereinflüsse von außen.

Ich will mich kennen- und lieben lernen, damit ich andere, die Welt und das Leben lieben kann.

Ich sehe mich als Ganzes, nicht als einen Teil eines mißglückten Programms, das ich nicht entworfen habe und in dem ich nur reagieren kann.

Hier ist eine Übung, die mir die Wunder um mich herum sichtbar macht: Bei Dunkelwerden sitze ich, ohne den Lichtschalter zu betätigen, Musik oder den Fernseher anzuschalten, entspannt in einem Raum oder auch draußen. Ich beobachte genau, wie sich die Farbwerte verändern, versuche sie aber zu benennen. Ich lausche auf die sich verändernden Geräusche.

Dabei bemerke ich, wieviel Unbekanntes die Welt um mich her für mich bereithält, wenn ich es doch nur sehen, hören und fühlen will. Dieses soll ein kleiner Beweis dafür sein, daß ich von allem Erfahrbaren nur einen Bruchteil erlebt und begriffen habe.

Ich stehe also am Anfang einer großen Expediton ins unbekannte Bekannte um mich.

36
Was mir an die Nieren geht
(Nierenerkrankungen – Nephropathie)

Als Karin Teenager war, hatte ihre Mutter immer sehr aufgepaßt, daß sie sich bei kaltem Wetter warm anzog. Eine dicke Jacke und Ohrenschützer genügten nicht, sie sollte sich auch unten herum warmhalten und dicke Strümpfe und Schuhe tragen.

Es war ein ewiger Kampf gewesen. Wie sollte man unter eng sitzenden Jeans dicke Strumpfhosen oder warme Unterwäsche unterbringen? Das tat doch keiner.

Später begann Karin eine Lehre in einer Autoreparaturannahme. Da die vielen männlichen Kollegen gerne Witze über Frauen machten, die dauernd wasserlassen müssen, gewöhnte sie sich an, so selten wie möglich die Toilette aufzusuchen.

Um nicht den dauernden Harndrang aushalten zu müssen, schränkte sie ihren Flüssigkeitskonsum ein. In dieser Zeit hatte sie öfter Blasenentzündungen, ja sogar einmal eine Nierenbeckenentzündung.

Während ihrer beiden Schwangerschaften arbeitete sie

nicht, trank viel und hatte keinerlei Probleme.

Aber im verflixten siebten Jahr ihrer Ehe verspürte sie wieder Schmerzen in der Nierengegend, die sich im Laufe der Zeit zu Nierenkoliken entwickelten. Natürlich glaubte Karin, sie habe eben empfindlichere Nieren als andere, konnte sich aber nicht vorstellen, daß sie selbst etwas zu ihren Beschwerden beigetragen haben könnte.

Während der Jahre nahm sie viele Schmerzmittel, oft schon vorbeugend, wenn sie mit ihrem Mann mal wieder Streit gehabt hatte, bevor ihr das an die Nieren ging.

So hatte Karin unwissend mehrere Fehler gemacht, die jetzt zu diesen fast unerträglichen Schmerzen führten.

Die Nieren sind paarige Organe von bohnenförmiger Gestalt, zirka 10 bis 12 Zentimeter lang und 5 bis 6 Zentimeter im Querdurchmesser. Sie gehören zu den Harnorganen wie das Nierenbecken, der Harnleiter, die Harnröhre und die Blase. Die Nieren und die ableitenden Harnwege sind dafür verantwortlich, sogenannte »harnpflichtige Substanzen« auszuscheiden. Sie sorgen für die Regulierung des Wasser- und Elektrolythaushaltes des Körpers. Das richtige Funktionieren der Nierenarbeit wirkt sich auf den arteriellen Blutdruck und die Bildung der roten Blutkörperchen aus.

Die Nieren sind also ein Kreislauforgan und können ebenfalls Hormondrüse genannt werden.

Da bei Niereninsuffizienz (funktioneller Schwäche) die lebenswichtige Filtration nicht mehr stattfinden kann, was sich so schnell verschlimmern kann, daß der Patient an eine künstliche Niere angeschlossen werden muß, gibt es mit diesem Organ kein Spaßen – wir sollten es von Anfang an ehrfurchtsvoll behandeln. Dazu gehört die alte Binsenweisheit, bei Kälte auch den Unterleib und die Füße warm zu halten. Dazu gehört, daß wir regelmäßig viel trinken, um die Nieren durchzuspülen, und natürlich ebenfalls das darauf folgende Wasserlassen. Da können wir dumme Mitmenschen so viel lachen lassen, wie sie wollen. Über einen regelmäßigen Stuhlgang lacht ja auch niemand.

Hinzu kommt, daß die Harnröhre der Frau nur 3 bis 5 Zentimeter lang ist, beim Mann aber 20 bis 25 Zentimeter. Wird diese kurze Harnröhre durch eine gefüllte Blase noch gestaucht, können sehr leicht Bakterien eindringen.

Keine Frau sollte aus Scham, auf die Toilette zu müssen, ihren Flüssigkeitskonsum einschränken.

Sind die Harnwege mal entzündet, werden oft Sulfonamide verordnet, Substanzen, die wiederum mit viel Wasser eingenommen werden müssen, damit sie nicht in der Niere oder den ableitenden Harnwegen auskristallisieren und zu mechanischen Reizungen und Schädigungen führen können.

Ist die Harnröhre gereizt, kann es zu Harnabflußstörungen kommen, es können sich Steine bilden, die wiederum eine Nierenbeckenentzündung und eine Nierenentzündung verursachen können.

Schmerzmittelmißbrauch kann nierentoxisch (vergiftend) sein. Zu großer Zuckerkonsum trägt zur Nierensteinbildung bei, wie Abführmittelmißbrauch und häufiges Erbrechen (bei Magersüchtigen) zur Niereninsuffizienz führen können. Karins Scham, in Gegenwart anderer die Toilette aufzusuchen, kann sich bei Menschen bis zur »Dysuria psychica« steigern, der Unfähigkeit, in Gegenwart anderer Wasser zu lassen.

Ebenfalls wissen wir, daß Zorn, Wut und Angst die Nierendurchblutung beeinflussen, was bis zur Anurie (Nichtharnen) führen kann.

Wir sagen: »Das geht mir an die Nieren.« Außerdem macht man sich »vor Angst in die Hose«. Daß Streß die Harnsteinbildung fördern kann, können wir uns gut daraus erklären. Koliken treten häufig in emotionalen Belastungssituationen auf.

Das Dumme ist, daß wir die Zusammenhänge in unserem eigenen Leben nicht immer erkennen.

Selbst bei dialysepflichtigen Patienten hängt der Gesundheitszustand wesentlich von deren Verhältnis zum Arzt und Pflegepersonal ab.

Leider ist das chronische Nierenversagen nicht mehr rückgängig zu machen, wohl aber können wir vermeiden helfen, daß es sich aus entzündlichen Prozessen (Nieren- und Nierenbeckenentzündungen), aus mechanischen Ursachen (Nierensteine) oder nierentoxischen Ursachen (langdauernder Schmerzmittelmißbrauch) entwickelt.

Wir wollen das von der Natur so fein angelegte System nicht durch grobe Vernachlässigung in seiner Arbeit stören. Dazu gehört auch, daß wir uns zu unserer Geschlechtlichkeit bekennen – die Harnorgane führen nun mal in die Genitalien. Wer seine Geschlechtlichkeit leugnet, kann also unbewußt dem lebenswichtigen Ausscheiden harnpflichtiger Substanzen eine Barriere errichten, was verheerende Folgen haben kann.

Die Nieren leisten eine Riesenarbeit. Sie werden täglich von 1.500 Litern Blut durchströmt. Sie bilden täglich ungefähr 180 Liter Primärharn, der dann auf 1,5 bis 1,8 Liter Harn »eingedickt« wird; dieser enthält Abfallstoffe, die ausgeschieden werden müssen.

Wo immer Menschen zusammentreffen, bieten sie sich gegenseitig ein Willkommensgetränk an. Das können Wein oder Bier in kälteren Regionen, Säfte in wärmeren oder der obligate Tee bei den Orientalen sein. Das gemeinsame Trinken ist also eine wichtige Handlung zur ersten Kontaktaufnahme.

Ausgeglichene Menschen haben keine Schwierigkeiten, gemeinsam zu urinieren. Nierenkranken hingegen geht so manches an die Nieren, Männern wie Frauen. Sie neigen dazu, sich zu isolieren, woraus Mißtrauen entsteht. Ihre Skepsis Unbekannten gegenüber kann nicht abgebaut werden, weil sie sie nicht kennenlernen, ihr Selbstwertgefühl kann sich in der Isolation nicht entwickeln, weil es sich nicht messen kann.

Ihren Zustand wollen sie oft nicht wahrhaben und entwikkeln eine Menge von Abwehrmechanismen wie Verleugnung und Rationalisierung (Suche nach vernunftmäßiger Begründung), um nicht die wahren Konflikte aufdecken und erkennen zu müssen.

Oft treten Nierenkrankheiten nach materiellen oder ideellen Verlusten auf, nach einem Tod oder einer Trennung. Da sich bei jedem Verlust Wut und Aggression einstellen, muß der Erwachsene Trauerarbeit leisten, um gesund zu werden.

Spielen sich Wut und Trotz auf einer infantilen Ebene ab, nennt man das Regression (»Rückschritt«), Rückschritt in die »anale« Phase psychosexueller Entwicklung, als hätte der Mensch all seine Fähigkeiten verlernt, auf differenzierte Weise mit Konflikten umzugehen.

Nierenkranke sind oft schüchtern, ängstlich und unbeholfen. Besonders in der Krankheit werden starke Abhängigkeiten erlebt von der Familie, den Eltern, den Geschwistern, wobei der Kranke seine Wut auf Menschen oder Dinge überträgt, dann aber, diese Wut sich nicht eingestehend, dagegen wieder Abwehrformen entwickelt.

Dieses starre Muster läßt nicht zu, daß sich die nötigen Gefühle befreien, um mit den Personen, Situationen und letztlich mit der Krankheit fertig zu werden.

Oft sind es isoliert lebende Personen, deren Isolierung noch mehr Ängste produziert, weil sie den angstabbauenden Schritt nach außen nie recht gewagt haben. Ich ändere das:

Ich will mein Mißtrauen und meine Schüchternheit bekämpfen.

Ich will meine Isolation nicht weiterhin kultivieren, sondern mein Selbstwertgefühl im Austausch stärken.

Ich will Schmerz- und Abführmittelmißbrauch als Selbstvergiftung erkennen und beenden.

Ich will meinen Nieren den nötigen Freundschaftstrunk anbieten.

Von meinem Partner will ich nicht nur fürsorgliche Haltung erwarten, sondern will mich auch einer Auseinandersetzung stellen.

Ich will lernen, meine Angst und meine feindseligen Gefühle auszusprechen.

37
Mein Kreuz trägt die Verantwortung
(Bandscheibenschäden – Lumbago)

Alfons ist Architekt. Gerade hat er seinen 44. Geburtstag gefeiert, an dem er seiner Frau einmal wieder versprochen hat, sein Leben zu ändern, aber natürlich hat er sich noch nie daran gehalten.

Sein Tageslauf sieht etwa so aus: Er springt aus dem Bett, hetzt unter die Dusche, telefoniert, frühstückt am liebsten im Stehen, macht Termine, trifft Verabredungen, fährt ins Büro, wirbelt dort alles durcheinander, ißt Mittag am liebsten im Stehen, wobei er möglichst Besprechungen hat, plant, bespricht, plant um, schafft es manchmal zum Abendessen zu Hause zu sein, meistens, um wieder wegzufahren, da er seine privaten Investitionen bewachen muß, zum Stammtisch geht oder zu Veranstaltungen, um Verbindungen zu knüpfen. Denn, so sagt er, wenn niemand mich kennt, bekomme ich keine Aufträge. Ja, Aufträge hat er genug, aber seine Frau meint, die anderen Architekten hätten auch welche, und die lebten ruhiger.

Natürlich hat Alfons auch das Wochenende verplant, denn da wird Sport getrieben.

An diesem Sonntag aber, als der Wecker wieder um 7 Uhr klingelt, wäre Alfons am liebsten im Bett geblieben und hätte sich dort ausgestreckt. Dieser Gedanke ist ihm so neu und unbekannt, daß er umso schneller aus dem Bett springt. Im Bad putzt er die Zähne, und als er sich aus der etwas gebückten Haltung wieder aufrichten will, jagt ein Schmerz in seinen Rücken und hält ihn wie eine große Zange fest, will nicht abschwellen, sondern breitet sich diffus noch aus.

Erschreckt versucht Alfons nun, ins Bett zurückzuschleichen, um sich auszustrecken. Der Schmerz hält ihn fest, will nicht nachlassen.

Was soll Alfons tun? Er kann doch seine Verabredung nicht absagen, aber im Liegen, Sitzen und Stehen läßt diese Qual nicht nach. Er wird ungeduldig – er muß weg, muß pünktlich sein – der Schmerz verstärkt sich, stöhnend wälzt Alfons sich im Bett, schwer atmend.

So wenig nimmt Alfons sein Kreuz ernst, daß es ihm jetzt zum Kreuz wird.

In der Auffassung vieler Männer kann der Körper mit dem Willen regiert werden. Alfons Vater, der strenge Studienrat, hat dem Sohn das sehr früh beigebracht.

Frühes Aufstehen, diszipliniertes Einteilen der Arbeit, zügiges Erledigen aller anfallenden Dinge, bilden das Gerüst für ein erfolgreich geführtes Leben, so lautet die Botschaft. Pflichtgemäß bringt man in diesem Plan auch noch alles unter, was unvorhergesehen auftritt und erledigt werden will. Gehorsam unterwirft man sich seiner Routine, bis diese ein Eigenleben annimmt und Unterwerfung fordert. Alle preußischen Tugenden scheinen hier gelebt zu werden: Rückgrat haben, Rückgrat zeigen, Verantwortung tragen, Ertragen, ein Kreuz tragen. Ohne zu murren, versteht sich.

So ist es also nicht verwunderlich, wenn diese Menschen

ihr Kreuz nicht als ein kompliziertes, biegsames und gleichzeitig aufrichtendes Kunstwerk aus Wirbeln, Knorpelscheiben und empfindlichen Nervenfasern begreifen, sondern eher wie ein starres, hölzernes Ding, eine Meßlatte gar, bis dieses komplizierte, aber vernachlässigte Kunstwerk auch dazu wird – zum hölzernen Marterpfahl, an dem der Patient Qualen leidet, als wär's nicht ein Stück von ihm. Am liebsten würden sie sich jetzt vom Kreuz trennen, wie von einer Raketenstufe, um weiterhin ihren Verpflichtungen und den hochgesteckten Zielen folgen zu können.

Jetzt aber, niedergeworfen auf den Boden der Tatsachen, wäre es an der Zeit, sich bewußt zu werden, was da schmerzt. Nerven sind es, die zarten Vermittler seelischer Wünsche.

Wer sein Leben so verplant und zwingt, hat oft Angst, innezuhalten und nach innen zu lauschen. Angst davor, vom Partner oder Kollegen als schwach gesehen zu werden, als weich womöglich. Aber wohin führt die Härte? Zunächst vorwärts, aber wie lange und wohin? Wer sich zuviel zumutet, traut sich wenig zu. Merkwürdig, wie in unserer Gesellschaft, inmitten all der funktionierenden Maschinen fast zwangsläufig der Mensch auch als eine Maschine betrachtet wird. Solange man glaubt, von der Umwelt als solche gesehen zu werden, ist es schlimm genug. Gänzlich unzulässig aber ist es, sich selbst als Roboter zu betrachten.

Der schmerzgeplagte Patient gäbe alles, wenn er sich jetzt entspannen könnte, allerdings wünscht er, da er ja noch nicht gelernt hat, sich mit sich selbst zu beschäftigen, es geschähe durch Knopfdruck, anonym, von außen und nur zu dem Zweck, wieder sein gewohntes Leben in die Hand zu nehmen und weiterzumachen wie bisher.

So aber geht es nicht. Die natürliche Fähigkeit zur Entspannung scheint ihm verlorengegangen zu sein. Sie muß mühsam wieder erlernt werden. Da der Körper zu endlos vielen Stellungen oder Lagen, Drehungen und Bewegungen fähig ist, kann es nur falsch sein, ihn zu einer Lieblingshaltung zu zwingen, in diesem Fall zu einer standhaften Geradheit, die ja vom unvoreingenommenen Betrachter oft als Zwangshaltung erkannt wird. Das Ziel des »Aufrechten«, unantastbar zu sein, wird schon dadurch ad absurdum geführt. Er wird als stocksteif, als nicht gerade umgänglich betrachtet. Wäre es ihm bewußt, hätte er das gar nicht gern.

Die inneren Wünsche versucht er wie in einem Käfig einzusperren. Sie aber finden früher oder später einen Weg, sich zu befreien. Warum also nicht Freundschaft schließen mit diesem anderen verachteten Teil unseres wunderbaren Werkes Körper? Die Signale für die Lösung kommen von innen.

Eigentlich wollte ich noch ein wenig ruhen, faul sein, meine Gedanken schweifen lassen, nur die dumme lebensfeindliche Routine hat mich davon abgehalten. Will ich mich ihr sklavisch unterwerfen?

Nein – von jetzt ab will ich meinen Tag nicht gänzlich verplanen, sondern freier und spontaner an Lösungen herangehen, bis sich der Schmerz in meinem Kreuz von selber löst.

Ich muß lernen, den Bedürfnissen meines Lebens freie Entfaltung zu gewähren, nicht gedreht, gestaucht, geknebelt irgendwo ein Gefangenendasein zu fristen, kontrolliert von meinem großen Willen. Denn über meinem Willen gibt es einen anderen, den der Natur. Alles ist so angelegt, daß es gut laufen kann, auch ich bin nur ein Teil des Ganzen. Mein Körper lebt nicht allein von sich, für sich und im Nichts, sondern nimmt begierig alles auf, will kein Reglement, will Freiheit.

Er wird sich dadurch revanchieren, daß ich ihn nicht spüre. Bin ich für ihn da, so ist er mit mir.

Dann geht alles wie geschmiert.

Es ist auch nicht falsch, in einem Gymnastikprogramm zu lernen, wie viele Muskeln es von Kopf bis Fuß zu erfühlen und zu »ernähren« gilt. Durch Bewegung, Spannung und Entspannung, geruhsames, genußvolles Essen, Schlafen und Spazierengehen:

Auch die Lachmuskeln will ich weit mehr trainieren als bisher, raus aus dem selbstgeschneiderten Korsett – hin zu unbekannten Ufern. Ich will lernen, mich fallen zu lassen, um die Freude am Wiederaufspringen bewußt erleben zu können.

Wenn ich mal nicht allein aufspringen kann, will ich gerne eine hilfreiche Hand fassen, was für uns beide ein großes Glück sein kann. Geben und Nehmen ist wie Beugen und Strecken, Zuhören und Sprechen – lebensnotwendig.

Der lähmende Schmerz soll mich lehren, lebendiger und mutiger zu werden – die beste Methode, ihn zu überwinden.

38
Die chronische Polyarthritis dient – aber wozu?

(Gelenkentzündung – Polyarthritis)

Kein anderer Mensch war so selbstlos wie Irene. Sie war immer freundlich, hilfsbereit, umsichtig. Keine Arbeit war ihr zuviel, unermüdlich, höflich, beherrscht und geduldig ging sie all ihren Kollegen stets mit gutem Beispiel voran.

Es gab keine bessere Mitarbeiterin als Irene. Dennoch fielen in ihrer Abwesenheit mißbilligende Worte über sie. Wer sie aussprach, schämte sich gleichzeitig.

An Irene war nichts auszusetzen und dennoch – keiner fühlte sich so richtig wohl in ihrer Nähe. Alle fühlten sich von ihr beherrscht und wußten nicht, wodurch dieses Gefühl entstand.

Ein Kollege, dessen Sohn mit Irenes Sohn befreundet war, hatte da Dinge gehört, die zunächst niemand glauben konnte. Irenes einziger Sohn, Bruno, schien von ihr kontrolliert zu werden wie kein zweiter Achtzehnjähriger. Seine recht guten schulischen Leistungen reichten ihr nie aus. Zu Hause quälte sie ihn mit pedantischen Vorschriften, gerade so, als wäre sie nie jung gewesen. Gleichzeitig aber opferte sie sich für ihn auf, las ihm jeden Wunsch von den Augen ab, so daß er selbst gar keine Wünsche entwickeln konnte.

Alle fragten sich, wie lange das wohl gut gehen könne.

»Na ja«, sagte eine Kollegin, die Irenes Mutter kannte, »irgendwie kann ich das schon verstehen. Ihre Mutter war zu Irene und deren Schwester viel schlimmer. Drahtbesen nannten wir die immer. Sie bekam immerzu Wutausbrüche und schrie und schlug um sich.«

Da habe Irene nichts zu lachen gehabt. Nicht einmal aufs Gymnasium habe sie gedurft, damals. Kein Wunder also, daß Bruno für Irene das Abitur machen sollte. Aber Bruno dachte nicht daran. Ein halbes Jahr vorher schmiß er die Schule hin und begann eine Lehre. Er zog auch aus.

Kurz darauf begann Irenes Leidensweg. Sie wachte morgens mit steifen Gliedern auf und konnte ihre rechte Hand schlecht bewegen.

Sie bat Bruno, wieder in die Schule zu gehen. Aber der ließ nicht mit sich reden, und Irenes Krankheit wurde immer schlimmer.

Ihr Regiment über den Sohn hatte aufgehört. Sie konnte ihn nicht mehr greifen und schon gar nicht handgreiflich werden. Weder konnte sie ihm weiterhin dienen, noch ihn beherrschen. Er hatte sich ihr entzogen. So war ihr ganzes Leben durcheinander gekommen.

Ihr Körper aber zeigte ein ähnliches Bild. Ihre Gliedmaßen versagten ihr den Dienst. Wenn nun aber der Körper seelische Krankheiten spiegelt und die Seele körperliche, fragen wir uns, was der Körper mit dieser Krankheit ausdrücken will?

Auch die Arbeit empfand Irene jetzt als Streß, bemühte sich aber weiterhin um Pflichterfüllung und freundliches Verständnis für alle und alles.

Gewiß, sie hatte ihrem Körper nie viel Aufmerksamkeit geschenkt, er hatte funktionieren müssen, wie eben alles. Aber Spaß am Leiblichen war Irene fremd, sie empfand es eher als unzulässig, bis in die Fingerspitzen entspannt zu sein.

Chronische Polyarthritis ist eine entzündliche Allgemeinerkrankung, die sich vor allem in den Gelenken manifestiert. Die Ursache ist ungeklärt, der Verlauf unvorhersehbar und guter Rat teuer. Die schmerzhafte Krankheit verwandelt bewegliche Gelenke, die zu allen nur denkbaren Ausdrucksformen fähig sind, in harte, knotige, geschwollene, unbewegliche, schmerzende Anhängsel, die kraftlos werden. Unter Schmerzen treten Verformungen auf, die bis zu einer tiefgreifenden Gestaltsveränderung führen können.

Ein Prozent der Menschen in unseren Breiten leiden daran, womit nur die erfaßt sind, die sich behandeln lassen. Die Krankheit kann sich schleichend entwickeln oder aber (bei einem Drittel der Patienten) akut in einigen Stunden oder Tagen. Sie kann sich in unterschiedlich schweren Formen scheinbar stabilisieren. Da aber Übergänge bekannt sind, kann man auch eine Überraschung zum Besseren erleben, wenn man damit nicht mehr gerechnet hat. Man muß nicht im Rollstuhl landen. Die Angst davor ist aus ärztlicher Sicht nicht wünschenswert und auch längst nicht immer begründet.

Die chronische Polyarthritis ist ein komplexes Geschehen, das man von allen Seiten angehen und ausleuchten muß. Dabei wird die Persönlichkeitsstruktur des Arthritikers erkennbar:

Freundliche und geduldige Patienten, die perfekt ihre Gefühle und jeden emotionalen Ausdruck, ebenso aber auch Partner und Kinder beherrschen.

Menschen, die verbissen dienen und selbst noch mit geschlossenen Zähnen lachen, sich aber innerlich gegen dieses vorbildliche, von ihnen gelieferte Schauspiel sträuben.

Menschen, die sich in Selbstkontrolle üben und andere kontrollieren wollen, mit hartem Griff.

Nun ist es aber so eine Sache mit der Selbstkontrolle. Sie

kann sehr sinnvoll sein. Etwa so sinnvoll wie die Bremsen an einem Eisenbahnzug, meint Bertrand Russell. Fährst du in die falsche Richtung, so ist es äußerst wichtig, die Bremse zu ziehen. Stimmt die Richtung aber, ist das Bremsen gefährlich falsch.

In unserem Fall sollte sich die Selbstbeobachtung ausschließlich auf die auferlegte Selbstkontrolle richten.

Schauen wir uns also Gesten der Selbstkontrolle an, wie sie unser Repertoire an Körpersprache bereithält: Hinter dem Rücken umfaßt eine Hand das andere Handgelenk fest, die Hand wird zur Faust. »Man hat sich selbst im Griff«. Oder: Die Hände umklammern Stuhllehnen. Die Beine sind an den Knöcheln gekreuzt – schmerzhaft blockiert. Sitzen oder liegen wir so beim Zahnarzt? Sitzen wir so im startenden Flugzeug? Oh ja, häufiger als uns bewußt ist.

Es läuft sichtbar alles auf ein Abschnüren der äußersten Gliedmaßen hinaus – so verschafft sich auch die Polyarthritis in jahrelanger Arbeit Ausdruck.

Psychosomatische Studien haben eine Kausalkette aufgedeckt: Die Familie des Kranken hat ihn früh zu einer hierfür anfälligen Persönlichkeit werden lassen. Mit seinen Emotionen, die er nur zu unterdrücken gelernt hat, kann er nicht umgehen, aber es gibt in seinem späteren Leben Situationen oder auch ein starkes Erlebnis, mit denen er auf diese Weise nicht fertigwerden kann. Er lebt mit gesteigertem Muskeltonus und entwickelt Arthritis.

So wie die individuellen, gestalterischen Glieder des Körpers verkümmern, ist die Persönlichkeit, die immer nur um den Kern »Selbstlosigkeit« kreist, als lebendige, menschliche Macht verkümmert, dürftig geworden.

Hier wird ein Persönlichkeitsdefizit erkennbar, das es zu reparieren gilt.

Meine Krankheit ist nur eine äußere Ausdrucksform dessen, wie ich meine Person sehe, nämlich wie einen blattlosen, halbvertrockneten Baum. Wie aber kann ich ihn wieder zum Blühen und Blätteraustreiben bringen?

So wie der Baum die Fähigkeit hat, aus natürlichen Zutaten wie Licht, Luft, Wasser, Mineralien ein prächtiges Blätterdach zu gestalten und sich majestätisch auszubreiten, so hat auch der Mensch von Natur aus die Kraft, seine Persönlichkeit zu entfalten und gesund zu sein. Bei jeder Krankheit aber ist auch die Seele beteiligt; was wir denken, was wir fühlen, was uns bewegt, das sind unsere natürlichen Zutaten, aus denen wir unsere Gesundheit formen. Krankheit aber ist immer eine Beschränkung, eine Selbstfesselung. Wenn ich meinen Gefühlen keinen Lebensraum gebe, mich und andere dauernd kontrolliere, schneide ich mir selbst den Zugang zum Leben ab.

Ich habe mir Handschellen und Fußeisen angelegt, mein Körper signalisiert mir nun: »Ich kann nicht mehr weiter!«

Ich will also Abstand nehmen von meiner Dienerhaltung, mit der niemandem gedient ist.

Damit befreie ich mich auch von meiner unterdrückten Feindseligkeit.

Ich will mich mit meinen Gefühlen anfreunden, auf das hören, was mich bewegt.

Ich will die Kraft in mir begreifen und achten, die ich mit meiner zerstörerischen Selbstkontrolle fast abgetötet habe.

Ich nehme die Krankheit nicht als Schicksal, sondern suche Hilfe in einer der Selbsthilfegruppen der Deutschen Rheumaliga, die Bewegung, Beratung und Begegnung anbieten.

39
Ich lieg' am liebsten auf der Nase
(Mandelentzündung – Angina tonsillaris)

Als Axel im Supermarkt vor der Früchtegondel stand und langsam Zitronen und Apfelsinen in Plastikbeutel steckte, tippte ihm jemand auf die Schulter.

Er drehte sich um und sah einem jungen Mann ins Gesicht, den er nicht kannte. »Ich bin Bernhard, erkennst du mich nicht?«

»Ich bin Axel«, sagte Axel.

»Weiß ich doch, wir haben dich zwar immer Isadora genannt in unserer Clique, aber ich weiß, daß du Axel heißt – du warst ja auch eine Berühmtheit in der Schule, weil du die tollen Illustrationen für die Schülerzeitung gemacht hast. Studierst du jetzt Kunst oder Design oder so?«

Sie schüttelten sich die Hände.

Langsam dämmerte es auch bei Axel. »Warst du nicht einer der Fußballer? Aber was meinst du mit Isadora? Wieso habt ihr mich Isadora genannt?«

»Na, überleg doch mal! Isadora Duncan trug doch immer

einen Chiffonschal bis hin zu ihrer letzten Fahrt, als der Schal in die Speichen des offenen Autos kam, in dem sie fuhr. So ist sie auch getötet worden. Berühmte Geschichte.

Na und dich hat doch auch noch nie jemand ohne Schal gesehen. Tatsächlich habe ich heute auch zuerst den Schal erkannt.«

»Ich bin erkältet, deswegen kaufe ich mir auch Zitronen.«

»Das hast du mir schon vor -zig Jahren erzählt, als ich dich mal in die Schulfußballmannschaft haben wollte, weißt du noch? Übrigens, jetzt wo wir uns in der fremden Großstadt schon mal getroffen haben, komm doch heute abend in unsere Stammkneipe Zur Echse, da trinkst du dann einen Glühwein und weg ist die Erkältung.«

»Okay« sagte Axel, und sie trennten sich.

Am Abend trafen sich die jungen Leute wieder.

Axel war ein hübscher junger Mann mit einer lustigen Brille und halblangen Locken. Er war groß und schlank, zog immer ein wenig die Schultern hoch und hatte immer einen blaßroten Schal zweimal um den Hals gewickelt.

Als er die Kneipe betrat, wurde er schon erwartet, Bernhard hatte seinen Freunden von Isadora, dem Künstler berichtet. Bernhard und die anderen waren Sportstudenten und Axel eben »Künstler«. Sie schlugen ihm vor, mit ihnen Waldlauf zu machen. Das würde ihn so abhärten, daß er endlich auch mal ohne Schal ausgehen könne, flachsten sie. Dann tauschten sie noch ihre Ansichten über Graffiti aus, eine Kunst, die sich in jeder Großstadt entwickelt. Sie verstanden sich so gut, daß Axel über ihr Angebot nachdenken wollte.

Er trank wirklich Glühwein und fühlte sich eigentlich ganz wohl danach. Als er allein in seiner Studentenbude war, ging es ihm schlechter, und am nächsten Tag blieb er im Bett.

Wie für Axel ist dies für viele Menschen ein bekanntes Ritual. Sie liegen am liebsten auf der Nase. Bevor die Grippewelle richtig rollt oder das Novemberwetter fast jedem einen

Schnupfen beschert, haben sie schon ihren Infekt weg.

Meistens fängt das früh an. Sie sind zarte Kinder, von einer fürsorglichen Mutter beobachtet, betreut und ein bißchen verzogen. Früh entwickeln sie ein hochstehendes Ich-Ideal, dem sie nachstreben. Sie wollen sich nicht mit Halbheiten zufrieden geben, können sie diese Ziele aber nicht ganz erreichen, kommen sie in Konflikte und geben dann auf, statt zu kämpfen. Sie nehmen sich sehr wichtig, gestatten sich auch nicht, etwas auf andere abzuschieben.

Wenn die Krankheit sie dann allerdings nötigt, sich hinzulegen, lassen sie sich auch als Twens noch gerne von der Mutter oder einer Freundin pflegen.

Während dieser Attacken von Fieber, Husten, Schnupfen, Kopfschmerzen und Gliederreißen haben sie oft das Gefühl, nun einen Lebensabschnitt zu bewältigen, es kommt fast zu einer Klärung, und wenn sie aufstehen, sind sie einen Schritt weiter, denn sie haben etwas für sich erreicht.

Sie wissen alles über Bakterien und Viren, wie über Vitamine und Mineralien. Sie achten darauf, daß die Zimmerluft feucht ist, daß in ihrer Nähe nicht geraucht wird, leben eigentlich sehr bewußt und manchmal ein bißchen am Leben vorbei.

So manche Arbeit in der Schule haben sie mit dem Schal um den Hals und unter Schluckbeschwerden geschrieben, später werden sie oft vor Prüfungen krank. Da sie das aber als ihr persönliches Schicksal betrachten, kommen sie gar nicht darauf, den ganzen Symptomenkomplex einmal objektiv von außen zu betrachten. Warum sind alle anderen, die in der gleichen zugigen Bahn gefahren sind, genauso nasse Füße bekommen haben oder im Kino neben Erkälteten gesessen haben, nicht auch krank geworden?

Personen in schwierigen Lebensumständen leiden häufiger an infektiösen und allergischen Erkrankungen, Menschen wie Axel aber nehmen sich nicht so leicht und kommen dadurch dauernd in schwierige Lebensumstände.

Oft stehen sie mit einer Lebensentscheidung vom Krankenlager auf. So fragte ein Physikstudent sich trotz fleißigen Studiums jahrelang, ob er wirklich mit diesem Fach sein Leben verbringen wolle. Er entschied sich, sehr schnell fertig zu werden, um davon freizukommen. Daraufhin legte er sich mit einem seiner häufigen Infekte hin. Als er wieder aufstand, wußte er plötzlich, daß er noch möglichst lange Physik studieren wollte und war zum ersten Mal richtig motiviert.

Betrachten wir einmal die Mandelentzündung mit allem, was dazu gehört: Angina heißt Verengung, hier handelt es sich um eine Entzündung des lymphatischen Rachenringes, insbesondere der Gaumenmandeln. Sie geht einher mit Schluckschmerzen, oft nach den Ohren ausstrahlend, Fieber, mitunter Schüttelfrost, Kopfschmerzen, Appetitlosigkeit, Zungenbelag. Wir alle kennen das. Wenn wir uns erkältet haben, wenn wir uns angesteckt haben, scheint kein Weg daran vorbeizuführen – und dennoch, es bekommt nicht jeder diese Beschwerden in diesem Ausmaß.

Das Immunsystem spielt eine große Rolle. Ein Mensch, dessen Allgemeinbefinden sehr gut ist, wird seltener krank. Auch das wissen wir alle und haben es schon an uns beobachten können.

Nun ist aber bekannt, daß die Angina tonsillaris (die Mandelentzündung) so oft psychogen (seelisch bedingt) ist, daß sie auch mit vielen anderen Namen bezeichnet wird, etwa: »Hochzeits-«, »Verlobungs-« oder »Junggesellen-« Angina.

Außerdem gibt es den zunächst merkwürdig klingenden Ausdruck: »Couvade-Angina«, was soviel wie »Männerkindbett« heißt: Vor Aufregung wird der junge Vater krank.

Wenn ich nun zu den Menschen gehöre, die dauernd auf der Nase liegen, will ich natürlich weiterhin versuchen, gesund zu leben und mich gesund zu ernähren – gleichzeitig will ich aber beobachten, wann meine Infekte auftreten.

Will ich damit manchmal Schwierigkeiten aus dem Wege

gehen, kann es sein, daß ich einfach aufgebe und mich mal wieder ins Bett zurückziehe, statt konkret nach einer Lösung zu suchen, mich einem Menschen oder einer Situation zu stellen, kurz: etwas Ungewohntes zu tun?

Ich beobachte dies an mir: Wenn ich mich mal wieder mies und krank fühle, eigentlich nur ins Bett will und dann überraschend ein lieber Mensch anruft oder mich besucht, fühle ich mich gesund.

Es ist, wie wenn an einem grauen, regnerischen Tag plötzlich die Sonne durchbricht. Die Stimmung wandelt sich spontan. So schmal ist der Grat zwischen Gesundheit und subjektiv empfundenem Kranksein.

Da ich diesen Mechanismus kenne, will ich ihn ausloten und beherrschen, statt mich beherrschen zu lassen:

Ich will meinen Flirt mit der Krankheit als eine Entwicklungsstufe betrachten, die ich jetzt abschließen will.

Ich will erwachsen werden, und Lösungen nicht im Liegen abwarten, sondern kreativ verschiedene Möglichkeiten aktiv angehen.

Ich will mich nicht ganz so wichtig nehmen wie bisher, sondern auch mal auf andere zugehen und mich deren Ansichten stellen. Dabei vergesse ich dann meine bisher bevorzugte Lösung, auf der Nase zu liegen und wie neu geboren wieder aufzustehen.

40
Die Frau ist nicht krank, aber der Mann leidet
(psychische Probleme während der Schwangerschaft)

Eine Katzenmutter hat es gut. Ihre Mutterschaft ist die problemlose und selbstverständliche Erfüllung ihres Lebens. Schwangersein gehört zu ihr wie Jagen und Schnurren. Sie ist einerseits eine hingebungsvolle und zärtliche Mutter, andererseits überläßt sie zur rechten Zeit ihre bald erwachsenen Sprößlinge, gut vorbereitet, ihrem Leben und setzt ohne Zögern ihre eigene Selbständigkeit fort.

Wir Menschen dagegen erleben bewußt. Wir denken, fühlen, freuen und sorgen uns. Wir sind vielfältig eingewoben in Partnerschaft und Umwelt.

Eine Schwangerschaft ist ein wunderbares Erlebnis: Wir erleben große Momente des Glücks; ein neues Leben kündigt sich an, vielleicht ist es die langersehnte Erfüllung nach dem Wunschkind. Oder ein junges Paar plant seine Familie, und das angekündigte kleine Wesen ist Ausdruck ihrer Liebe und Partnerschaft. Vielleicht sind aber auch die jungen Eltern zunächst bestürzt, weil sie ja so nicht planten...

Eine Schwangerschaft ist ein wunderbares Erlebnis, aber es bedeutet auch einen prägenden Einschnitt im Leben des Paares. Die lange Abhängigkeitsphase des Menschenkindes erfordert Bindung, Fürsorge, Verantwortlichkeit und materielle Sicherheit.

Besonders eine Frau muß völlig umdenken und sich neu einstellen. Ihr ganzes Leben verändert sich, wenn es ihre erste Schwangerschaft ist. Zu ihrer Freude und dem Glücksgefühl gesellen sich Fragen, Zweifel und vielleicht sogar Unsicherheiten und Sorgen. »Werde ich das alles schaffen? Hoffentlich wird es ein gesundes Kind? Wie kommen wir mit unserer kleinen Wohnung, dem Vermieter und dem Geld zurecht? Und meine neubegonnene Berufstätigkeit oder Ausbildung – werde ich das packen? Oder muß ich sie vielleicht aufgeben? Wie ernähre ich mich am besten, und schadet es dem Baby nicht, wenn mich mein Mann körperlich lieben will?«

So mancherlei zwiespältige Gefühle werden die junge Mutter bewegen, und sie muß – auch wenn sie nach dem bekannten Dreimonats-Unwohlsein keine weiteren körperlichen Beschwerden verspürt – mit einigen Veränderungen ihres bisherigen Lebens fertigwerden.

Wichtig für sie und das erwartete Kind ist es, daß sie sich zu einer positiven Einstellung zum Kind durchringt, wenn sie sie nicht ohnehin schon hatte. Aber auch in der besten Familie ist eine Schwangerschaft mit zusätzlichen Sorgen und Problemen verbunden, deshalb ist es keine Schande, diese auch zuzugeben. Und dennoch: Das kleine Menschenkind möchte eine gute Lebensaussicht und einen freundlichen Empfang haben... Hierauf soll sich die Mutter vorbereiten und ganz darauf einstellen. Hierzu ist die Liebe der Eltern sogar eine gute Voraussetzung, und früher verbreitete Ängste, der Intimverkehr könne dem Kind schaden, sind unbegründet – bis in den neunten Monat hinein können beide sich lieben, wenn sie eine gewisse Vorsicht walten lassen und Stellungen wählen, die unangenehmen Druck ausschließen. Erst wenn die Frau selbst durch die nun nicht mehr zu übersehende Gewichtszunahme Beschwerden verspürt und lieber nicht möchte, wird ihr Mann dies selbstverständlich berücksichtigen.

Sie, die bisher eine schlanke, flotte und flexible moderne junge Frau war, nimmt nun an Gewicht und damit auch an Unbeweglichkeit zu. Sie kann nicht alle Leistungen mehr selbstverständlich vollbringen, die sie bisher natürlich »mit links« erledigte. Dabei ist ihre physische Leistungskraft durch Haushaltsgeräte und Familienangehörige zu ersetzen, aber das Gefühl schwerbeweglich und kurzatmig zu sein, von Sessel zu Sessel sitzend, läßt sie wie eine Matrone vorkommen – überreif! Vorbei die knackigen Zeiten der Jeans! Die Frühjahrsmode geht vielleicht an ihr vorbei. »Schade«, bedauert sie, »dieses Jahr nicht, und nächstes Jahr, wer weiß?« Denn ein junges Mädchen ist sie nun nicht mehr, und wer weiß, wie sich ihre Figur verändert und ob die Schwangerschaft möglicherweise Spuren hinterläßt: Zu viele Rundungen an unerwünschten Stellen, na ja, das ginge ja noch, aber hilft die Schwangerschaftsgymnastik wirklich bei Taille, Brust und Bauch?

Früher meinten viele Frauen, die Schwangerschaft am besten im bequemen Sessel verbringen zu sollen. Moderne Frauen wissen, daß sie zumindest in den ersten Monaten noch Gymnastik treiben, sogar radfahren und skifahren können. Ängste und Übervorsicht sind hier weiß Gott unangebracht. Es ist wichtig für ihr Selbstgefühl und eine positive Selbsteinschätzung, daß sie lebenszugewandt und sportlich-frisch bleibt. Auch ihre erotische Anziehung bleibt dadurch eher erhalten.

Ihr Mann, zu dem ihre Beziehung sonst vertrauensvoll ungetrübt war, schaut sie – so meint sie wenigstens – kritischer an als sonst, und auch seine erotischen Wünsche scheinen nachzulassen oder, wenn gerade andersherum, entzieht sie sich seinen unvermindert starken Ansprüchen, weil sie keine

Lust hat in letzter Zeit. So sehr ist sie von dem Geschehen in ihrem Körper und von der Sorge um ihr Kind erfüllt, aber auch von der Sorge, ob ihre Partnerschaft belastbar genug ist, ob sie ihrem Mann noch genügend Liebe zeigt oder er sich vielleicht an den Rand gedrängt fühlt? Ob er sie überhaupt noch so liebt, denn manchmal, scheint es ihr, dreht er sich nach anderen schlanken, attraktiveren Frauen um. Jedenfalls fürchtet sie es und muß vielleicht sogar damit rechnen.

Ist der Mann dagegen um Mutter und werdendes Kind besorgt, so wird er sich besonders liebevoll um sie kümmern, rücksichtsvoll sie »hegen und pflegen«, denn das braucht sie jetzt und sie wird besonders dankbar dafür sein, weil sie spürt, daß sie auf mehr Fürsorge und Liebe angewiesen ist.

Ihr Mann versucht sich in ihre Lage zu versetzen, auch wenn sie manchmal verträumt und abwesend wirkt. Er kann ihr häufiger als sonst das Frühstück machen, ihr Blumen mitbringen, aber auch einmal in Gesellschaft gemeinsam mit ihr ausgehen, sie ins Konzert oder Kino einladen – wenn sie Lust darauf hat. Wichtig ist jetzt, daß sie den gesellschaftlichen Kontakt nicht verliert und sich nicht abgewertet und ausgeschlossen fühlt. Gerade hierfür kann der Partner mehr sorgen, als ihm von selbst vielleicht bewußt ist. Davon sollte ihn auch eine mit der Schwangerschaft naturgemäß verbundene Stimmungslabilität nicht abschrecken.

Sie kann launisch sein, die junge Mutter, für die Umwelt oft nur schwer nachzuvollziehen, kopfschüttelnd nimmt sie wahr, wie reizbar und verändert die junge Frau ist. Die Stimmungen wechseln – von Lachen zu Weinen, von »Melancholie zu Heiterkeit« (Klaus Verch), von Pralinen zu sauren Gurken und Rollmöpsen; die Suppe – gerade noch erwünscht – erregt plötzlich Widerwillen. Die junge Frau, bisher vielleicht äußerst lässig in ihrer Auffassung von Ordnung, entwickelt plötzlich leidenschaftlichen Ordnungssinn: Sie räumt und putzt alle Schränke, richtet in einem Anflug von Nesttrieb das Kinderzimmer ein, nichts darf fehlen, nein, sie kauft und hortet im Übermaß Hemdchen und Jäckchen, alles blitzt und blinkt, nichts ist genug für ihr Baby, sie näht Schleifchen an den Vorhang der Wiege, bezieht das Bettchen und schaut hinein und streichelt die Rassel: die Puppenmutter aus ihrer Kindheit?

So beschäftigt sie sich mit dem heranwachsenden Kind, und mit den Bewegungen in ihrem Leib wird sie von Fragen um die Gesundheit des Kindes bewegt, vielleicht sorgt sie sich auch um die Entbindung, um Atemtechnik und Stillen und ob sie ihr Kind auch so liebevoll annehmen kann und ihm die Mutter sein kann, wie sie sich das wünscht.

Zwar gibt es in der modernen Gesellschaft nicht mehr das Männerkindbett, aber junge Väter sind mehr als früher bereit, mit der Frau die Schwangerschaft gleichsam zu teilen. In einer deutschen Zeitung fand sich kürzlich folgendes Inserat:

> Junges Paar,
> beide im siebten Monat schwanger,
> sucht dringend eine
> 3-Zimmer-Wohnung...

Hiermit ist doch wohl gemeint, daß der Vater sich ebenfalls als schwanger empfindet und alles mit seiner Frau gemeinsam tragen will. Dies ist eine gute Voraussetzung, schafft sie doch das Maß an Behutsamkeit und tragfähiger Liebe, das die Frau und nicht zuletzt das werdende Kind jetzt brauchen. Auch er muß sich mit dem Problem – dem physischen und psychischen – der Schwangerschaft befassen, mit ihr sprechen und ihr vor allem zuhören. Denn auch für ihn besteht die Gefahr, sich ausgeschlossen zu fühlen, nämlich aus der engen Zwei-Einheit von Mutter und Kind. Aus diesem Grunde sind viele Väter – jedenfalls in der Vergangenheit – gar nicht genug bereit, an der Schwangerschaft teilzunehmen und für sie mitverantwortlich zu sein. Ein altes Sprichwort sagt: »Was einer Mutter bis ans Herz geht, geht einem Vater nur bis an die Knie.« Damit will es diese sehr viel losere und geringere Mitverantwortung des Vaters charakterisieren. Damit sollte heute Schluß sein. Und gerade von denen, die das Lebensrecht des werdenden Lebens so stark betonen, muß auch die Mitverantwortung des Vaters für die Schwangerschaft betont werden. Hier kann sie sich konkret und praktisch äußern. Das betrifft die materielle Sicherung wie die tägliche Fürsorge vom morgendlichen Aufstehen über die Besorgung der Arbeiten im Haushalt, die Einkäufe und vor allem das Schaffen einer Atmosphäre der Gemeinsamkeit und Geborgenheit, die die beste Voraussetzung für das gesunde Austragen eines Kindes ist.

Die Anthroposophen haben auch in diesem Punkt eine eigene Meinung und raten der werdenden Mutter zu einer ausgeglichenen Stimmung. Sie gehen von der Vorstellung aus, daß die Seele des ungeborenen Kindes um die Mutter ist. So empfehlen sie der Mutter eine Beschäftigung mit schönen Dingen, wie gute Musik hören, schöne Bilder betrachten, malen, Spaziergänge in der Natur. Ruhe, Harmonie und Ausgeglichenheit, die aus diesen oder ähnlichen Beschäftigungen erstehen, wirken sich auf Mutter und die Seele des Kindes aus. Ebenso wie die gesunde Ernährung überträgt sich auch eine ausgeglichene Seelenhaltung auf die im Mutterleib heranwachsende Seele des Kindes. Viele Mütter sprechen heute auch schon mit dem ungeborenen Kind, versuchen auf es hinzuhorchen und sich einzufühlen. Vieles hiervon mag Phantasie sein, aber sicher keine negative, und besser, als wenn die Mutter in Gleichgültigkeit und unfühlsam die Schwangerschaft nur als einen körperlich-mechanischen Vorgang betrachten würde.

Sicher ist im täglichen Leben manches von diesen Empfehlungen schwer durchzuführen, aber – wie man weiß – überträgt sich der seelische Zustand der Mutter auf das Ungeborene ebenso, wie sie ihm durch den Mißbrauch von Genußgiften wie Alkohol, Nikotin und Drogen schadet.

Sicher ist kaum eine Mutter heute ganz frei von der Sorge: In welche Welt wird mein Kind hineinwachsen? Wird es eine einigermaßen gesunde Umwelt erleben? Wird es einen Arbeits- und Studienplatz bekommen? Ist es überhaupt noch sinnvoll, Kinder in die Welt zu setzen? Eine Mutter sollte sich nicht in diesen Sorgen verfangen, sondern sich mutig zu ihrem Entschluß bekennen, das Leben neu mit einem Kinde und für ein Kind zu wagen. Kann die Welt nicht nur dadurch besser werden, daß eine künftige Generation sie besser macht? Und woher sollte diese Generation kommen, wenn nicht heutige Eltern den Mut dazu haben, sie ins Leben zu setzen und mit positiven Grundeinstellungen auszustatten? Dies ist auch eine Aufgabe der werdenden Mutter, die selber dann auch einen Beitrag zur Lebenshoffnung leistet – für sich selbst, für ihren Partner und vor allem auch für das werdende Kind.